Die wichtigsten Regeln auf einen Blick

Hier wirst du über die drei wichtigsten und umfangreichsten Kapitel informiert. Du siehst, was du schon beherrschst, was du wiederholen oder neu lernen musst. Außerdem kannst du dich hier immer wieder kurz auf einen Blick über die Regeln informieren.

Laute und Buchstaben

1. Die Schreibung von **s-Lauten** (S. 8-9):

Nach **kurzem** Vokal schreibt man **ss**:
der Ri**ss** – Ich wu**ss**te es. – **Iss** auf! – Ich hoffe, da**ss** er kommt.
Nach **langem** Vokal und **Diphthong** schreibt man **ß**:
der Ru**ß** – gro**ß** – das Ma**ß**   rei**ß**en – drau**ß**en – der Flei**ß**

2. Die Schreibung von **das** und **dass** (S. 10-12):

Du schreibst *das*, wenn es sich um einen **Artikel**, ein **Demonstrativ-** oder ein **Relativpronomen** handelt. In Klammern stehen **Wörter**, durch die sich *das* jeweils ersetzen lässt.	
Artikel:	Wir ziehen in **das** (**ein**) neue Haus.
Demonstrativpronomen:	**Das** (**dies**, **es**) ist mein Zimmer.
Relativpronomen:	Es ist das Haus, **das** (**welches**) hellgrün gestrichen ist.
Die Konjunktion *dass* leitet immer einen **Nebensatz** ein. Du kannst sie nicht durch *ein, dies, es* oder *welches* ersetzen.	
Ich denke, **dass** es heute regnet. **Dass** der Wandertag stattfindet, bezweifle ich.	

3. Das Zusammentreffen **dreier gleicher** Buchstaben (S. 13):

Treffen drei gleiche Buchstaben zusammen, bleiben **alle** erhalten. Erlaubt ist auch die Schreibung mit **Bindestrich** (bessere Lesbarkeit):

Flu**sss**chi**fff**ahrt	Flu**ss**-**S**chi**ff**-**F**ahrt
Z**ooo**rchester	**Zoo**-**O**rchester

4. Die **Konsonantenverdoppelung** und **Umlautschreibung** (S. 14-15):

Nach einem **betonten kurzen** Vokal folgt bei den meisten Wörtern ein **doppelter Konsonant**. Zusätzlich ist bei einigen Wörtern die **Abstammung** von der jeweiligen **Wortfamilie** für ihre Schreibung maßgeblich:

Er war im Sport ein **Ass** (wegen A**ss**e).
Der richtige **Tipp** (wegen ti**pp**en) im Lotto kann viel Geld bringen.
Blumen haben **Stängel** (von St**a**nge).

5. Die **Fremdwörter** (S. 16-20):

In vielen Fällen sind Doppelschreibungen, also **zwei Schreibweisen** erlaubt. Die empfohlene Schreibweise steht jeweils als Erstes:

Fotogra**f** – **Ph**otogra**ph**	Del**f**in – Del**ph**in
Zir**k**us – **C**ir**c**us	
Ghetto – **G**etto	
existen**z**iell – existen**t**iell	Poten**z**ial – Poten**t**ial

Bei englischen Wörtern, die auf **y** enden, wird das **Mehrzahl-s** nach **deutschem** Muster angehängt:

Baby – Bab**ys**	Party – Part**ys**	Hobby – Hobb**ys**

Groß- und Kleinschreibung

1. **Nomen** schreibt man **groß** (S. 25-27):

▶ in **festen Gefügen**:	**R**ad fahren **T**ee trinken
▶ in Zusammensetzungen mit Eigenschaften eines Nomens:	der **T**rimm-dich-Pfad die **X**-Beine
▶ als **Zahlnomen**:	ein **D**utzend (gemeint sind **zwölf**) das **P**aar (gemeint sind **zwei**)
▶ in Tageszeiten:	heute **A**bend morgen **M**ittag

2. Man schreibt **klein**, wenn **Nomen** ihre nominalen **Merkmale verloren** haben (S. 28-30):

▶ bei Verwendung in einem **Prädikat** mit *sein*, *werden* oder *bleiben*:

Ich bin es **l**eid. Das ist **k**lasse. Mir wird **a**ngst. Er bleibt ihr **g**ram.

▶ in manchen **zusammengesetzten** Verben, die auch in getrennter Stellung vorkommen:

teilnehmen → ich nehme **teil**; **kopf**stehen → alles stand **kopf**

▶ wenn Nomen zu **Präpositionen** werden:

kraft ihres Amtes – **l**aut Schulordnung – **d**ank deiner Hilfe

▶ in der Verwendung als **Adverbien**, **Präpositionen** und **Konjunktionen** auf *-s* und *-ens*:

abends, **a**nfangs, **d**onnerstags, **w**illens, **a**ngesichts, **t**eils … **t**eils

▶ bei **unbestimmten Zahlwörtern** wie *ein bisschen* und *ein paar*:

Man braucht ein **b**isschen Salz. Ich habe noch ein **p**aar Seiten zu lesen.

▶ bei **Bruchzahlen** auf *-tel* und *-stel* vor **Maß**- und **Uhrzeitangaben**:

ein **z**ehntel Gramm (auch: ein Zehntelgramm)
drei **h**undertstel Sekunden (auch: drei Hundertstelsekunden)
um **v**iertel sieben – gegen drei **v**iertel zehn

3. **Groß** schreibt man bei **Nominalisierungen** (von S. 31-40):

▶ Nominalisierte **Verben** im Infinitiv:

Hier ist das **R**auchen verboten. Das **S**ingen machte mir Spaß.

▶ Nominalisierte **Adjektive** und **Zahladjektive**:

Wir werden schon das **R**ichtige tun. Wir saßen alle im **D**unkeln. Das muss jeder **E**inzelne selbst entscheiden.

4. Man schreibt **Adjektive**, **Partizipien**, **Pronomen** und andere Wortarten **klein** (S. 41, 37, 38):

▶ wenn **Adjektiv** oder **Partizip** sich auf ein **Nomen** beziehen:

Ich habe zwei **Kuchen** gebacken, soll ich zuerst den **größeren** oder den **kleineren** anschneiden?
Diese **Krawatte** gefällt mir, die **gestreifte** noch besser.

▶ bei der Steigerungsform **Superlativ** (= Höchststufe mit *am*):

Dieses Armband ist am **schönsten**, es gefällt mir am **besten**.

▶ bei Verbindungen aus **Präposition** und **nichtdekliniertem** Adjektiv:

Die Leute kamen **von nah** und **fern**. Sie hat mich **für dumm** verkauft.

▶ bei **Grundzahlen** unter einer Million:

Diese **vier** sind mir verdächtig. Wir **fünf** kommen nicht in Frage.

5. **Eigennamen** von Personen, Orten, Ländern, Institutionen usw. schreibt man **groß** (S. 42-44):

▶ im Falle **einfacher** Eigennamen:

Johanna, **S**aarbrücken, **A**lbanien, **B**undestag

▶ im Falle **mehrteiliger** Eigennamen (erstes Wort **immer** groß sowie alle weiteren Wörter **außer** Artikel, Präpositionen und Konjunktionen):

Holbein der **J**üngere, **Z**ur **G**rünen **E**iche (Gaststätte)

▶ **Adjektive** schreibt man bei vielen **festen Verbindungen groß**:

der **E**rste Mai, der **B**laue Planet, die **R**ote Liste

Getrennt- und Zusammenschreibung

1. Bei **Verben**

Man schreibt immer **zusammen** (S. 48, 51):

- bei **untrennbaren** Zusammensetzungen verschiedener Wortarten (Nomen, Adjektiv, Präposition, Adverb) mit **Verben:**

Sie wird es locker **handhaben**. Er wird sich **langweilen**.
Man soll mich nicht **hintergehen**. Du musst die Verse **wiederholen**.
Aber: **danksagen** oder **Dank sagen**, weil trennbar: Sie sagt Dank.
Ebenso: **brustschwimmen** oder **Brust schwimmen**, weil trennbar: Er schwimmt Brust.

- wenn sich aus einem **Adjektiv** und einem **Verb** eine **neue Gesamtbedeutung** ergibt; dabei wird immer das Adjektiv **betont**:

Der Arzt wird mich **krankschreiben**. Sein Gegner wird ihn **kaltstellen**.

Man schreibt im **Infinitiv**, beim **Partizip** und im **Nebensatz** nur zusammen (S. 49):

- wenn die **Betonung** jeweils auf einer Silbe des **ersten** Worts liegt:

aufgeben, fortlaufen, abhandenkommen, wahrsagen

Man schreibt **getrennt** (S. 50, 51, 53, 54):

- wenn **Adverb** und **Verb** etwa gleich stark **betont** werden:

Nach der Operation konnte er **wieder sehen**. In diesem Zimmer müssen wir **zusammen arbeiten**.

- bei einer Wortgruppe aus **zwei** Verben:

Sie möchte **schwimmen lernen**. Will er **spazieren gehen**?

- bei einem **erweiterten** oder **komplexen** Adjektiv vor dem Verb.

Sie werden sich **sehr nahe kommen**.
Du kannst ihn **schachmatt setzen**.

- wenn der erste Teil ein **Nomen** ist (in den meisten Fällen):

Angst haben, **Schnee** schaufeln, **Not** leiden

Mit dieser Regel kannst du dir im Zweifelsfall auch helfen (S. 55):

- Liegt die Betonung **eindeutig** auf einer Silbe des **ersten** Wortes, wird in der Regel zusammengeschrieben.
- Werden **beide** Wörter etwa **gleich** betont, wird meistens **getrennt** geschrieben.

2. Bei **Adjektiven**

Man schreibt **zusammen** (S. 56):

- wenn der **erste** Bestandteil durch eine **Wortgruppe** ersetzt werden kann:

butterweich (wie die Butter) – **werbe**wirksam (für die Werbung)

- wenn ein Bestandteil als selbstständiges Wort nicht vorkommt:

Er redete **großspurig** daher. Ihre Rede war **vieldeutig**.

- bei Zusammensetzungen aus zwei **gleichrangigen Adjektiven**:

Das Wetter ist **feuchtwarm**. Sie hat **grünblaue** Augen.

- wenn der erste Bestandteil die Bedeutung des Adjektivs **verstärkt** oder **vermindert**:

Es ist **stockdunkel**. Der Junge ist noch **minderjährig**.

Beachte: Es wird jeweils eine Silbe des **ersten Worts betont**.

Man schreibt **getrennt** (S. 54):

- bei Verbindung eines **Adjektivs** oder **Partizips** mit *sein* oder *werden*:

Da muss man **zufrieden sein**. Er muss **gefunden werden**.

Man schreibt **getrennt** oder **zusammen** (S. 57):

- bei Verbindungen mit adjektivisch gebrauchten **Partizipien**:

die Rat suchenden/ratsuchenden Schüler
die allein erziehenden/alleinerziehenden Mütter

- wenn ein **Adjektiv** das **nachfolgende** Wort erläutert:

diese Regel ist allgemein gültig – eine allgemeingültige Regel
die Aufgabe ist schwer verständlich – eine schwerverständliche Aufgabe

3. Bei **anderen Wortarten**

Man schreibt **zusammen** (S. 58):

- wenn **Wortart**, **Wortform** oder **Bedeutung** der Bestandteile nicht mehr erkennbar sind:

großenteils, irgendwann, inwiefern, sobald, anhand, zuliebe

Man schreibt **getrennt** (S. 59):

- wenn ein Bestandteil **erweitert** ist:

dies eine Mal (nicht erweitert: diesmal), in keinem Fall (nicht erweitert: keinesfalls), zu jeder Zeit (nicht erweitert: jederzeit)

- bei häufig gebrauchten **Wortgruppen**, **mehrteiligen Konjunktionen** und **präpositionalen Fügungen**:

zu Ende gehen, zu Schaden kommen; ohne dass, statt dass; zur Zeit Schillers, zu Zeiten der Segelschifffahrt; so hübsche Kleider, wie weit?; gar kein, gar oft

Man schreibt **getrennt** oder **zusammen** (S. 59):

- bei **adverbialen** oder **präpositionalen** Fügungen bzw. **Konjunktionen**:

imstande sein/im Stande sein, infrage stellen/in Frage stellen; anstelle/an Stelle, aufgrund/auf Grund; sodass/so dass

Laute und Buchstaben

Die s-Schreibung

Regel 1: Nach einem betonten **kurzen Vokal** steht immer **ss**.

L**ass** mich sehen, ob in das F**ass** wirklich nichts mehr p**ass**t.
Im Schl**oss** über dem Fl**uss** k**üss**t der k**ess**e Prinz Dornröschen wach.

Beachte jedoch folgende **Ausnahmen**:

Der Vater d**es** Mädchens hatte einen B**us**, aber d**ess**en Vater hatte viele B**uss**e.

Nun geht die Arbeit los!

1 Setze ein:

Er fa_____ t das Fa_____ mit beiden Händen an.

Hanna kü_____ t Finn.

Ich denke mir, da_____ du diese Aufgaben schaffen wirst.

Die Lösungen findest du unter **1** im **herausnehmbaren Lösungsteil** nach Seite 40.

Regel 2: Nach **langem Vokal** und **Umlaut** schreibt man **ß**.

Auf der Str**aß**e gr**üß**e ich unseren Kaminkehrer.
Jetzt gibst du mir auch noch einen St**oß**, das M**aß** ist voll.

2 Setze ein:

Das Flo_____ ist gro_____.

Vergiss blo_____ den schönen Gru_____ nicht!

Die Lösung findest du unter **2** im **herausnehmbaren Lösungsteil** nach Seite 40.

Regel 3: Nach **Diphthong** schreibt man **ß**.

Die Wand war **außen heiß**, aber innen kühl.
Wer b**eiß**t nicht gerne in einen frischen Apfel?

Natürlich gibt es viele **Ausnahmen**:

Die M**aus** lief **aus** dem H**aus** her**aus**. Der Pr**eis**träger stand in einem Kr**eis**.

3 Setze ein:

eine scheu____liche Waffe; eine wei____e Teekanne;

ein Strau____ Blumen; er will sich nicht äu____ern;

alle waren wirklich flei____ig

4 Setze *s*, *ss* oder *ß* richtig ein:

Der König lie____ den Minister rufen. Sofort herrschte er ihn an: „Wei____t du noch immer nicht, da____ meine Untertanen meine Macht bei jeder Gelegenheit spüren mü____en? Bei Tisch mu____ ich die grö____te Portion bekommen, au____erdem pa____t es mir nicht, wenn den anderen nicht schmeckt, was mir schmeckt. Bei Audienzen la____e ich heute den einen drau____en und morgen den anderen, ganz wie es mir pa____t. Da____ du mir da in nichts hineinpfuschst. Einen übersehe ich, einen anderen grü____e ich. Es ist ein Genu____ zu sehen, wie sie sich alle nach einem freundlichen Blick von mir sehnen. Heute gestattet der König einem Untertan, seine Fü____e zu kü____en, einen anderen, der es auch gerne möchte, lä____t er zappeln wie den Fisch im Netz." Der König hatte sich beruhigt und fa____te den Minister fa____t liebevoll an den Händen: „Du bist gewi____ meiner Meinung: Es gibt nichts Schöneres als die Macht."

Die Unterscheidung von *das* und *dass*

Regel 1: Bei *das* kann es sich um einen **Artikel** handeln. Dies ist der Fall, wenn du dafür probeweise den unbestimmten Artikel *ein* einsetzen kannst:

Wir besuchen **das** neue Haus.
Ersatzprobe: Wir besuchen **ein** neues Haus.

Regel 2: Bei *das* kann es sich um ein **Demonstrativpronomen** handeln. Dies ist der Fall, wenn du dafür *dies* oder *es* einsetzen kannst:

Das ist ein schönes Sofa.
Ersatzprobe: **Dies** ist ein schönes Sofa.
oder: **Es** ist ein schönes Sofa.

5 Setze jeweils **das** ein. Mache die Ersatzprobe mit **ein**, **dies** oder **es**. Schreibe jeweils in die Klammer, ob es sich um einen Artikel (**A**) oder ein Demonstrativpronomen (**D**) handelt:

Leo sagt zu Tim: „Schau her, ________ ( ) ist ________ ( ) Auto meines Vaters. Ich sage dir: ________ ( ) ist eine elende Klapperkiste. Sich so ein Auto zu kaufen, ________ ( ) ist typisch für meinen Vater. Ich sage dir ________ ( )im Vertrauen: Für ihn ist ________ ( ) Auto optimal, weil er nichts von Autos hält. ________ ( ) ist nun einmal so."

Regel 3: Bei *das* kann es sich auch um ein **Relativpronomen** handeln, das einen **Nebensatz** einleitet. Es bezieht sich immer auf ein Wort im Hauptsatz. Du kannst es durch *welches* ersetzen:

Du trägst ein **Kleid**, **das** mir gefällt.
Ersatzprobe: Du trägst ein Kleid, **welches** mir gefällt.

Ich habe ein **Armband**, **das** dazu passen würde.
Ersatzprobe: Ich habe eine Armband, **welches** dazu passen würde.

6 Setze **das** ein und mache wieder die Ersatzprobe. Diesmal mit **ein**, **dies/es** oder **welches**. Schreibe in die Klammern für Artikel **A**, für Demonstrativpronomen **D** und für Relativpronomen **R**.

Noch einmal Leo: „________ ( ) Auto, ________ ( ) ich mir einmal kaufe, wird ganz anders aussehen. ________ ( ) ist doch wohl selbstverständlich. ________ ( ) Äußere, auf ________ ( ) ich besonders achten werde, ist einfach wichtig. Ich mag Chrom, ________ ( ) ________ ( ) Auto meiner Träume so richtig blitzen lässt. Natürlich ist ________ ( ) Wichtigste ________ ( ), was sich im Inneren verbirgt. ________ ( ) weiß doch jedes Kind."

Regel 4: Die Konjunktion *dass* leitet immer einen **Nebensatz** ein. Du kannst sie nie durch *ein, dies, es* oder *welches* ersetzen:

Es freut mich, **dass** du gekommen bist.
Dass sie recht hat, bezweifle ich.

7 In diesen Nebensätzen muss entweder das Relativpronomen **das** oder die Konjunktion **dass** stehen. Setze richtig ein.

Das Übereinkommen über die Rechte des Kindes, _______ 1990 in Kraft trat, wurde von fast allen Staaten der Welt angenommen. Es ist nicht verwunderlich, _______ die 54 Artikel der Kinderrechtskonvention für Kinder im Wortlaut schwer zu verstehen sind. Ein Papier, _______ die UNICEF daraus gemacht hat, fasst die 54 Artikel in 10 Grundrechte zusammen, und zwar so, _______ jedes Kind, _______ sie liest, etwas damit anfangen kann. Allein in Deutschland kümmern sich rund 100 Organisationen darum, _______ dieses Übereinkommen, _______ die Kinderrechte regelt, bekannt ist und _______ es eingehalten wird.

8 Setze ein: **das** oder **dass**.

Die Kinderrechtskonvention will erreichen, _______ alle Kinder der Welt gleich behandelt werden. _______ ist eine große Aufgabe. Wir wissen, _______ unzählige Kinder wegen ihrer Herkunft, ihrer Religion oder ihres Geschlechts diskriminiert werden. _______ jedes Kind ein Recht auf Gesundheit und Bildung hat, _______ sollte selbstverständlich sein. Man stelle sich vor, _______ es in Deutschland nicht möglich wäre, _______ Kinder spielen und sich erholen können. Zur Privatsphäre gehört auch _______ Briefgeheimnis, _______ bei uns für Kinder noch nicht selbstverständlich ist. _______ muss sich noch ändern. Jedoch können behinderte Kinder bei uns davon ausgehen, _______ sie angemessen betreut werden. Dagegen ist _______ Recht auf eine Familie und auf elterliche Fürsorge, _______ so außerordentlich wichtig ist, nicht immer gegeben.

Zusammentreffen dreier gleicher Buchstaben

Regel 1: Treffen beim Zusammensetzen von Wörtern **drei gleiche Buchstaben** zusammen, so bleiben **alle** erhalten:

Schi**ff** + **F**ahrt = Schi**fff**ahrt
Kaff**ee** + **E**rnte = Kaff**eee**rnte
Genu**ss** + **s**üchtig = genu**sss**üchtig

Ausnahmen:
Mittag (= Mitte + Tag, Trennung: Mit-tag),
dennoch (= denn + noch, Trennung: den-noch),
Drittel (= dritter Teil, Trennung: Drit-tel)

Regel 2: Zur **Erleichterung** des **Lesens** darf auch mit **Bindestrich** geschrieben werden.

Schi**ff-F**ahrt, S**ee-E**lefant

Nicht zu empfehlen ist die Schreibung mit Bindestrich bei Zusammensetzungen mit Adjektiven oder Partizipien:

s**eee**rfahren (nicht zu empfehlen: S**ee-e**rfahren)

9 Verbinde:

Bett + Tuch = Betttuch oder Bett-Tuch

Auspuff + Flamme = ______________ oder ______________

Schritt + Tempo = ______________ oder ______________

Fluss + Strecke = ______________ oder ______________

Tee + Ei = ______________ oder ______________

Bass + Stimme = ______________ oder ______________

Fett + triefend = ______________

Wichtiges zur Konsonantenverdoppelung (z. B. nummerieren) **und zur Umlautschreibung** (z. B. Gämse)

Regel 1: Nach einem **betonten kurzen Vokal** folgt bei den meisten Wörtern ein doppelter **Konsonant**. Entscheidend ist die **Abstammung** (Wortfamilie) eines Wortes. Dabei zählen *ck* und *tz* als Doppelkonsonant: *ck* an Stelle von *kk*, *tz* an Stelle von *zz*.

Bei langen Texten muss man die Seiten n**umm**erieren (wegen N**umm**er).
Im Sport ist Luca ein **Ass** (wegen **Ass**e).

Das musst du dir merken:

Gebrannten Zucker nennt man Karam**ell**. (wegen Karamelle)
Ein Staubbesen mit langen Fransen heißt M**opp**. (wegen moppen)
Beim Lotto zählt der richtige T**ipp**. (wegen tippen)
Ein berühmter englischer Tanz ist der St**epp**tanz. (wegen steppen)
Ein ungeschickter Mensch ist ein T**oll**patsch. (wegen toll)
Für Deckenverzierungen braucht man den St**uck**ateur. (wegen Stuck)
Viktoria wurde in der zweiten Reihe pl**atz**iert. (wegen Platz)

10 Setze ein:

Die Hexe Fata Morgana war ein A____ in jeder Beziehung, aber kein To____patsch, unter einer Voraussetzung allerdings: Sie musste immer genügend Vorrat von ihrer Lieblingsspeise zu Hause haben, und das war Karame____. Dann war sie unschlagbar: Sie wusste den richtigen Ti____ im Lotto, konnte, wenn der Stu____ateur beim Gipsen wieder einmal eine Sauerei gemacht hatte, in Sekundenschnelle mit dem Mo____ das Schloss putzen und gleichzeitig mit dem abenteuerlichsten Ste____ durch die Räume sausen.

Regel 2: Wörter, die den gleichen **Stamm** haben, werden gleich geschrieben. Es gilt das Stammprinzip.

Stängel aus der Wortfamilie Stange

In manchen Fällen kann der Schreibende auf zwei Wortstämme Bezug nehmen:

Schenke von ausschenken oder Schänke von Ausschank

11 Finde selbst die Wortfamilien heraus, von denen die folgenden schwierigen Wörter abstammen:

	Wort stammt ab von:
behände (schnell, geschickt)	
belämmert (betreten, eingeschüchtert)	
Quäntchen (eine kleine Menge)	
schnäuzen (Nase putzen)	
Gämse (Alpentier)	
überschwänglich (übertrieben, erregt)	
aufwendig	
aufwändig (Schreibweise ebenfalls möglich)	

12 Setze ein:

Herr Hoppla stand ziemlich bel___mmert da. Er hatte kein Qu___ntchen Munition mehr in der Flinte und die G___mse hatte längst das Weite gesucht. Beh___nde war sie über die Felsen geklettert und schließlich verschwunden. Herr Hoppla schn___zte sich, fast hätte er eine Träne verloren, denn mit überschw___nglichem Gefühl war er auf die Jagd gegangen, aber leider war ihm an diesem Tag kein Glück beschieden.

Fremdwörter

Regel 1: Das **ph** kann bei folgenden Fremdwörtern durch **f** ersetzt werden. Die Schreibweise mit **f** ist zu empfehlen:

Biogra**ph**ie	Biogra**f**ie	Orthogra**ph**ie	Orthogra**f**ie
Del**ph**in	Del**f**in	Paragra**ph**	Paragra**f**
Gra**ph**ik	Gra**f**ik	**Ph**otogra**ph**ie*	**F**otogra**f**ie
Grammo**ph**on	Grammo**f**on	Saxo**ph**on	Saxo**f**on
Geogra**ph**ie	Geogra**f**ie	Stenogra**ph**ie	Stenogra**f**ie
Mega**ph**on	Mega**f**on	Stereo**ph**onie	Stereo**f**onie
Mikro**ph**on	Mikro**f**on		
Phantasie	**F**antasie		
phantasieren	**f**antasieren		

* nur mit **f**: **F**oto, **f**otogra**f**ieren, **f**otogen

Regel 2: Die folgenden wichtigen Fremdwörter werden **immer** mit **ph** geschrieben. Präge sie dir gut ein:

Al**ph**abet	Hierogly**ph**e	**Ph**arisäer	Pro**ph**et
Apostro**ph**	Katastro**ph**e	**Ph**armaindustrie	schizo**ph**ren
As**ph**alt	Mor**ph**ium	**Ph**ilharmonie	Stro**ph**e
Di**ph**therie	**Ph**änomen	**Ph**ilosophie	Trium**ph**
Di**ph**thong	**Ph**antom	**Ph**ysik	Ty**ph**us

13 Manche Wörter kannst du mit **f** schreiben, manche nur mit **ph**. Setze ein:

_____antasie, Paragra_____, Katastro_____e, Biogra_____ie, Pro_____et,

Al_____abet, Gra_____ik, _____antom, Ty_____us, Mor_____ium,

Saxo_____on, _____ysik, _____otogra_____ie, Del_____in

Regel 3: Hier geht es um **Doppelschreibungen**. Jede Schreibweise ist erlaubt. Zu empfehlen ist jeweils die markierte:

circa – zirka Circus – Zirkus Clip – Klipp Clips – Klips Club – Klub contra – kontra Coupon – Kupon	Cellulitis – Zellulitis Penicillin – Penizillin
	Bouquet – Bukett (Blumenstrauß)
	Ghetto – Getto
	Yacht – Jacht
Copilot – Co-Pilot – Kopilot – Ko-Pilot	

Regel 4: Für diese Fremdwörter gibt es nur mehr **eine** gültige Schreibweise. Bitte merken:

Boutique	Kampagne
Cabrio	Katarrh
Charme	Ketchup
charmant	Mafia
Chose	Mayonnaise
Code	Mohair
Confiserie	Myrrhe
Cordhose	Panther
Coupé	Sketch
Cousin	Spaghetti
Cousine	Thunfisch
Credo	tranchieren
Facette	Yoga
Joghurt	

14 Setze bei den sechs Fremdwörtern die fehlenden Buchstaben ein. Wo es eine zweite Schreibweise gibt, schreibst du sie in die Klammern hinter den Wörtern:

Der Pan____er (____________________), der noch schnell den Jog____t (____________________) frisst, gibt das Mega____on (____________________) dem Herrn Del____n (____________________), damit der nicht vergisst, dem Publikum zu sagen: „Der T____fisch (____________________) tritt nicht auf, er leidet an Kata____ (____________________) und Schmerzen arg im Magen."

Regel 5: Bei Wörtern aus dem Französischen, die auf **é** oder **ée** enden, ist **keine** Doppelschreibung mehr möglich:

Chicor**ée** (Gemüse)	Neglig**é** (leichter Morgenmantel)
Dekollet**é** (Halsausschnitt)	Souffl**é** (Auflauf)
Expos**é** (Denkschrift, Bericht)	Variet**é** (Theater mit buntem Programm)

Regel 6: Bei englischen Wörtern, die auf **y** enden, wird das **Mehrzahl-s** nach **deutschem** Muster angehängt:

das Bab**y** – die Bab**ys**	die Lobb**y** – die Lobb**ys**
das Hand**y** – die Hand**ys**	die Part**y** – die Part**ys**
das Hobb**y** – die Hobb**ys**	der Rowd**y** – die Rowd**ys**
die Lad**y** – die Lad**ys**	die Stor**y** – die Stor**ys**

15 Schreibe, wo es möglich ist, zwei Schreibweisen auf. Zuerst die empfohlene, dann in Klammer die Alternative dazu:

Familie Hübsch war am Nachmittag im ____ir ____us (________________), obwohl Herr Hübsch lieber zu Hause seinen verschiedenen Hobb____ nachgegangen wäre. Tochter Katrin durfte ihre ____sine (________________) mitnehmen. Die Darbietungen der Akrobaten waren ____antastisch (________________). Doch der schwarze Pan____er (________________) tat ihr leid. Er saß in einem Käfig wie in einem ____etto (________________). Aber in der Pause stellten eine Portion Spa____etti (________________) mit Ket____up (________________) und ein erfrischender Jo____urt (________________) ihr Gleichgewicht wieder her. Dann kam eine Nummer, die auch in ein Variet____ (________________) gepasst hätte. Eine Dame mit großem Dekollet____ (________________) ließ sich in der Mitte durchschneiden. Gerade als es spannend wurde, klingelten mehrere Handy____. Es war ein aufregender Nachmittag.

Regel 7: Manche Wörter können am Ende mit -**tial** oder -**zial** sowie -**tiell** oder -**ziell** geschrieben werden. Empfohlen ist jeweils die Schreibweise mit z:

essen**t**iell – essen**z**iell (bedeutet so viel wie „wesentlich")
existen**t**iell – existen**z**iell (zu Existenz)
das Differen**t**ialgetriebe – Differen**z**ialgetriebe
differen**t**iell – differen**z**iell (bedeutet so viel wie „einen Unterschied darstellend")
das Poten**t**ial – Poten**z**ial (zu Potenz)
poten**t**iell – poten**z**iell
substan**t**iell – substan**z**iell (zu Substanz)

Aber nur **eine** Schreibweise bei: finanziell, kommerziell, offiziell, provinziell, speziell, tendenziell

16 Schreibe zu jedem Nomen das **Adjektiv** in der sinnvollsten Schreibweise. Falls zwei Schreibweisen erlaubt sind, schreibst du die zweite in die Klammer.

Differenz: ______________________ (______________________)

Potenz: ______________________ (______________________)

Substanz: ______________________ (______________________)

Provinz: ______________________ (______________________)

Tendenz: ______________________ (______________________)

Existenz: ______________________ (______________________)

Essenz: ______________________ (______________________)

Kommerz: ______________________ (______________________)

Finanzen: ______________________ (______________________)

Abschlusstest 1

17 Löse das Kreuzworträtsel.

1 = Plural zu Baby
2 = Imperativ zu essen
3 = ungeschickter Mensch
4 = Milchprodukt zum Löffeln
5 = Adjektiv zu Rauheit
6 = Spielkarte
7 = schmückendes Beiwerk
8 = Bergwild (Tier)
9 = andere Schreibweise für Delphin
10 = Karitas bedeutet Nächstenliebe; wie schreibt man den Wohlfahrtsverband der katholischen Kirche?
11 = Nomen zu tippen
12 = Nase putzen
13 = Blumenstiel
14 = anderer Name für Gehtempo
15 = andere Schreibweise für Hachse (das ist der untere Teil des Beines von Kalb und Schwein)
16 = Kurzname für Beruf
17 = Gegenteil von Liebe
18 = andere Schreibweise für Saxophon
19 = andere Schreibweise für Ghetto

Groß- und Kleinschreibung

Die Kennzeichnung von Textanfängen

Am **Anfang** eines Textes schreibt man das **erste** Wort **groß**:	
Textanfang:	**E**s war einmal …
Überschriften:	**S**tarke Schneeverwehungen behindern Radfahrer
Titel:	**D**ie Abenteuer der Biene Maja
Briefe:	**L**ieber Emil, …
Gesetze:	**B**ayerisches Maulwurf- und Wühlmausgesetz

Lies erst einmal den folgenden Brief. Wenn du genau beachtest, was groß- bzw. kleingeschrieben ist, hast du schon viel gelernt.

Brief	**Erklärungen** zur **Groß-** und **Kleinschreibung**
Wenig geehrter Herr Rodenkamp,	**erstes** Wort Briefanrede → groß
da staunen Sie, was? Mit einem Brief von mir haben **S**ie wohl nicht gerechnet! Kann ich mir denken. **W**eil wir ja als Nachbarn nebeneinander	nach Anrede mit Komma → klein **Höflichkeitsform** → groß **Satzanfang** → groß
wohnen: **s**ozusagen Haus an Haus!	**kein** selbstständiger Satz nach dem **Doppelpunkt** → klein
Sie werden schon wissen, warum ich mir die Mühe eines handgeschriebenen Briefes mache: **D**ieser schreckliche Essigbaum in Ihrem Garten lässt schon wieder seine Kinder auf meinem Grundstück	**selbstständiger** Satz nach dem **Doppelpunkt** → groß
wachsen! Sie kennen wohl nicht – **b**ei Ihnen wundert mich das überhaupt	**Parenthese** (Einschub) → klein
nicht – das **S**ächsische Gartengesetz? Schauen Sie doch einmal nach:	**Titel** von Gesetzen etc. → groß

§ 13 **D**ie Erziehung von Essigbäumen. Da werden Sie aber staunen! Als Erzieher haben Sie versagt.
52 **v**olle Wochen haben Sie Zeit gehabt! **'s** ist schade um sie (die Wochen natürlich).
„**L**ass dir von dem nichts gefallen", **s**agt meine Frau immer. Sehen Sie das als Warnung und befehlen Sie Ihren Essigkindern, sich aus meinem Garten zurückzuziehen. Für immer! Sonst wird das noch „**E**in Fall für zwei".

Mit unfreundlichen Grüßen
Oskar Frosch

Angaben (§13) gehören **nicht** zum folgenden Text → groß

der Satz beginnt schon mit **Zahl** bzw. **Apostroph**, also → klein

direkte Rede beginnt → groß
erstes Wort **Begleitsatz** → klein

Überschriften: Bücher, Theater, Fernsehfilme etc. → groß
Grußformel am Briefende → groß (ohne Komma!)

18 Herrn Rodenkamps Antwort lässt nicht lange auf sich warten.
Setze jeweils die richtigen **Groß**- oder **Kleinbuchstaben** ein. Du kannst ja bei Oskar Frosch in der rechten Spalte noch einmal nachsehen.

___ehr verehrter Herr Frosch,

___ch staune eher selten. ___icht einmal dann, wenn ___ie mir einen Brief schreiben. Allerdings muss ich zugeben: ___andschriftliche Briefe gehen mir schon sehr nahe. Aber ich möchte zur Sache kommen: ___um Essigbaum. Lassen Sie es mich gleich sagen: ___ch habe ihn nicht mehr unter Kontrolle. Er ist mir einfach über den Kopf gewachsen, dieser Bengel. Aber ich erinnere Sie an das ___uropäische Naturschutzgesetz: §7___ür Pflanzen gibt es keine Grenzen. Also auch nicht zwischen Nachbarn. Daran haben Sie – ___rotz Ihrer Klugheit – wohl nicht gedacht. '___ ist aber kein Unglück. 14 ___ächerliche Seiten eines Gesetzes haben Sie doch in kürzester Zeit gelesen, und dann wissen Sie alles. „___iese paar Essigbäume haben doch Platz in seinem Garten", ___agt meine Frau immer. Ich sah neulich den Film „___ehr Freiheit für Essigbäume". Sehe ich genauso, sage ich Ihnen. Denken Sie noch einmal nach, Herr Frosch.

___it freundlichen Grüßen
Nikolaus Rodenkamp

Nomen

In diesem Kapitel kommt man mit Regeln allein nicht immer zurecht. Da heißt es: merken, merken, merken. Im Zweifelsfall solltest du in einem Wörterverzeichnis nachsehen.

Jetzt eine berühmte Rechtschreibregel, die du in der Schule schon genug geübt hast:

Regel 1: **Nomen** schreibt man **groß**:

Konkrete Nomen: Haus, Wald, Stern, Blume, Fluss
Abstrakte Nomen: Freiheit, Liebe, Bescheidenheit, Lob
Eigennamen: Angelina, Jonas, Österreich, Rom, Karpaten

Regel 2: **Nomen**, die Bestandteil fester Gefüge* sind, schreibt man meistens **groß**:

Angst machen	**Tee** trinken	**Modell** stehen
Rad fahren	**Ski** (Schi) fahren	**Zeitung** lesen
	aber: **eislaufen**	
im **Grunde**	auf **Abruf**	in **Bälde**
zur **Not**	in **Hinsicht** auf	in **Kauf** nehmen

*Dieses Thema tritt auch noch bei der Getrennt- und Zusammenschreibung auf. (S. 53)

19 Was passt denn hier zusammen?

Modell – Kaffee –
Unkraut – Radio – Not –
Angst – Anteil – Auto –
Schlange – Schlittschuh –
Kegel

nehmen – fahren –
stehen – jäten – trinken –
leiden – schieben – hören –
laufen – haben – sitzen

Schreibe so: Modell sitzen – Kaffee ______________________

____

____

Bei der nächsten Aufgabe handelt es sich um **feste Gefüge**, bei denen das jeweilige Nomen **groß**geschrieben wird. Hier ist die **Wortart** jeweils deutlich **erkennbar**.

20 Setze die folgenden Nomen passend ein:

Hilfe – Ende – Schaden – Fuß – Schuld – Wert – Berge – Kauf – Acht

Die Ferien werden bald zu ____________ gehen.

Wir werden heute noch einmal zu ____________ zum Einkaufen gehen.

Mein Lehrer legt ____________ auf schöne Schrift.

Bei meiner Schrift stehen ihm oft die Haare zu ____________.

Wenn du mich brauchst, werde ich dir zu ____________ kommen.

An diesem Unfall trage ich leider ____________.

Ich habe eben die nötige Vorsicht außer ____________ gelassen.

Es ist Gott sei Dank niemand zu ____________ gekommen.

Den finanziellen Schaden muss ich in ____________ nehmen.

<table>
<tr><td colspan="2">Regel 3: Zahlnomen schreibt man groß.</td></tr>
<tr><td colspan="2">ein Dutzend (exakt zwölf, ich kaufe ein Dutzend frische Eier), das Paar (gemeint sind zwei, ich habe nur noch drei Paar Socken), das Hundert (das erste Hundert Bücher ist verpackt), das Tausend, eine Million, eine Milliarde</td></tr>
<tr><td colspan="2">Empfohlen wird die Großschreibung auch, wenn unbestimmte Mengen gemeint sind; genauso ist Kleinschreibung möglich:</td></tr>
<tr><td colspan="2">Es kamen Tausende (tausende) von Menschen. Die Decken werden in Dutzenden (dutzenden) von Mustern angeboten.</td></tr>
<tr><td>Man schreibt aber immer groß:</td><td>Immer klein:</td></tr>
<tr><td>In den vielen Städten der Dritten Welt leben Millionen Menschen. Eine Milliarde ist eine unvorstellbar große Zahl.</td><td>Er hat nur noch ein paar Euro. Ich sah nur ein paar Leute.</td></tr>
</table>

21 Setze die fehlenden Buchstaben ein, wo Groß- und Kleinschreibung möglich ist, setzt du ein / zwischen die Buchstaben:

alle ______aar Minuten – die ersten ______aar Mal – die beiden sind ein hübsches ______aar – es gab ______utzende von Beanstandungen – das erste ______utzend ist voll – es mussten ______underte von Menschen versorgt werden – fünf von ______undert Fahrgästen hatten keine Fahrkarte – ein volles ______ausend Zuschauer hat Platz – die Veranstaltung haben ______illionen von Zuschauern gesehen – die Erde hat rund 7 ______illiarden Bewohner

Regel 4: Tageszeiten nach Adverbien wie *gestern*, *heute*, *morgen* etc. schreibt man **groß**:

Wir kommen heute **A**bend. Wir sahen uns gestern **M**ittag.

Adverb +	**Tageszeit**
heute	Morgen
gestern	Nacht
morgen	Mittag
vorgestern	Vormittag
übermorgen	Nachmittag

22 Setze **Tageszeiten** ein, die passen:

Gestern ______________________ standen wir schon um fünf Uhr auf. Dafür gingen wir ________________ ________________ aber bereits um 22 Uhr ins Bett. Da wir, wenn Julia aus der Schule kommt, gleich wegfahren, gibt es ________________ ________________ kein warmes Essen. Wir holen das heute ______________________nach.

Nomen, die ihre nominalen Merkmale verloren haben

Das hört sich schwieriger an, als es ist. Doch ich gebe zu, es ist nicht einfach, sich alles zu merken.

Regel 1: Wird ein **Nomen** in einem **Prädikat** mit *sein*, *werden* oder *bleiben* verwendet, so **verliert** es seine nominalen Merkmale. Man schreibt dann **klein**: Frage: **Wie** ist es?

Das ist **k**lasse. Ich bin es **l**eid. Ihr seid **p**leite. Du bist **s**chuld daran. Es ist mir **r**echt. Mir wird **a**ngst. Lena bleibt mir **g**ram.

Aber: Groß- **und** Kleinschreibung ist erlaubt bei **r**echt/**R**echt und **u**nrecht/**U**nrecht in Verbindung mit Verben wie *behalten*, *bekommen*, *geben*, *haben*, *tun*.

Du willst immer **r**echt/**R**echt behalten. Sophie hat **u**nrecht/**U**nrecht.

Aber stets: Wie recht Max hat! – Du hast ja so recht! – Damit hat Ben völlig recht.

23 Setze mit Hilfe des letzten Merkkastens jeweils die richtigen **großen** oder **kleinen** Buchstaben in die Lücken ein:

Jetzt ist er mir auch noch ____ram! Ich muss schon sagen: Das ist einfach ____lasse. Dabei fressen mich ____ram und ____eid bald auf. Ehrlich gesagt: Ich bin es allmählich ____eid, dass alles nach seiner Nase gehen soll. Würde er nur einmal sagen: „Du hast ja so ____echt. Immer wieder frage ich: „Ist es dir ____echt? Ist es dir nicht ____echt?" Leider ist das ____echt nicht immer auf meiner Seite. Ich fahre allmählich aus meiner Haut, wo ich doch nebenbei auch noch fast ____leite bin. Könnte ich nur zu ihm sagen: „Daran bist nur du ____chuld!" Geht aber leider nicht, er hat nämlich keine ____chuld.

Regel 2: Bei manchen **zusammengesetzten** Verben, die auch in **getrennter** Stellung vorkommen, haben die Nomen ihre **Eigenständigkeit verloren**. Man schreibt dann **klein**:

teilnehmen → ich nehme daran **teil**
stattfinden → es findet **statt**

leidtun → es tat ihm **leid**
kopfstehen → er stand **kopf**
aber: auf dem **K**opf stehen

Regel 3: **Nomen** können zu **Präpositionen** werden, die man **klein**schreibt:

der **D**ank → **d**ank seiner Hilfsbereitschaft
die **K**raft → **k**raft ihres Amtes
der **L**aut → **l**aut Schulordnung
der **T**rotz → **t**rotz des schlechten Wetters
die **Z**eit → **z**eit seines Lebens

Regel 4: **Klein** schreibt man auch **Adverbien**, **Präpositionen** und **Konjunktionen** auf *-s* und *-ens* sowie **unbestimmte Zahlwörter**:

abends, anfangs, montags, willens, rechtens; angesichts, mangels, abseits; falls, teils … teils; ein bisschen (= ein wenig), ein paar (= einige)

24 Setze richtig in diesen (ein wenig unsinnigen) Text ein:

Bei uns sollte ____reitags ein ____isschen Spaß während der Prüfung ____tattfinden, aber ____aut Schulordnung darf bei so einer Veranstaltung kein ____aut zu hören sein. Wir machten ____rotz dieser Regel ein wenig Unsinn; es werden doch die Lehrer nicht gleich ____opfstehen. Irrtum: Sie standen ____opf. Die können einem ja richtig ____eidtun. Sie taten uns aber, ehrlich gesagt, nicht ____eid. Im Gegenteil, ____ank der gelungenen Prüfung feierten wir ein ____aar Tage später mit voller ____raft ____bends ein kleines Fest. Wer konnte, nahm daran ____eil.

Regel 5: Für **Bruchzahlen** auf *-tel* und *-stel* gelten folgende Schreibweisen (bitte nicht nur durchlesen, sondern auch **einprägen**!):

vor **Maßangaben**:

ein zehntel Millimeter	oder	ein Zehntelmillimeter
ein viertel Kilogramm	oder	ein Viertelkilogramm
nach drei viertel Stunden	oder	nach drei Viertelstunden
in fünf hundertstel Sekunden	oder	in fünf Hundertstelsekunden

(aber: ein Drittel – das erste Fünftel – um zwei Fünftel größer – drei Hundertstel des Betrages)

bei **Uhrzeiten**:

um halb drei – um drei viertel acht – um viertel fünf
(aber: um **ein V**iertel vor fünf)

25 Schreibe die angegebenen Bruchzahlen in **Worten** auf:
(Schaffst du es, ohne oben nachzusehen?)

1. Das sind nur ⅞ ________________ Liter (oder: ________________ ________________).
2. Nach ¾ ________________ Stunden (oder: ________________ ________________) kam sie.
3. Es fehlte gerade noch ½ ________________ Sekunde zum Sieg.
4. Wir hatten erst ⅔ ________________ des Weges zurückgelegt.
5. Wir fahren um ¼ ________________ vor drei.
6. Sie wog ⅛ ________________ Kilogramm (oder: ________________ ________________) ab.

Nominalisierungen: als Nomen gebrauchte Wörter

Regel 1: Wörter, die **keine** Nomen sind, schreibt man nur **groß**, wenn sie als **Nomen verwendet** werden. Sie nehmen dann auch die **Eigenschaften** von Nomen an:

Das **Einparken** fiel mir schwer. Nichts **Menschliches** ist mir fremd. Es gab wenig **Erfreuliches**. Langes **Sitzen** schadet dem Rücken. Da steht ein Teller mit **Süßem**.

Regel 2: Man **erkennt Nominalisierungen** unterschiedlicher Wortarten

1. an einem **vorausgehenden** **Artikel** (der, die, das, ein, eine, ein), an einem **Pronomen** (dieser, mein, nichts, einige usw.) oder an einem **unbestimmten Zahlwort** (viel, wenig, genug, allerlei):

Das **Lesen** ist nicht jedermanns Sache. **Ein** **Starker** schafft es. **Nichts** **Gutes** lässt sich darüber sagen. **Einige** **Neue** kamen nicht. **Genug** **Billiges** war zu kaufen. **Wenig** **Gelungenes** war zu sehen.

2. an einem **Attribut**, das sich auf das **nominalisierte** Wort bezieht:

Schnelles **Entscheiden** ist manchmal notwendig.
Sie hat ein **sicheres** **Auftreten**.

3. daran, dass ein **nominalisiertes** Wort in der Rolle eines **Satzglieds** steht:

Geben ist schöner als **Nehmen**. Man soll nie **Gleiches** mit **Gleichem** vergelten.

26 Auf welche **Nominalisierungsregel** im letzten Merkkasten (**1**, **2** oder **3**) weisen die **fett** gedruckten Wörter hin? Schreibe die **Nummer** in die Klammern:

Das Vor- und **Z**urücklaufen (_____) macht mich nervös.

Langes Zögern (_____) ist nicht mein Fall.

Auf dem Markt gab es **allerlei G**utes (_____).

Lügen (_____) bringt oft nur für kurze Zeit Erfolg.

Nominalisierte Verben

27 Was bedeuten diese Zeichen? Schreibe es jeweils in einem Satz so auf, dass ein Verb dabei **nominalisiert** wird.

1. Hier ist ______________________________ verboten.
2. An dieser Stelle ist ______________________________ nicht gestattet.
3. Hier ist ______________________________ nicht erlaubt.

28 Unterstreiche auf diesen lustigen Schildern die nominalisierten Verben:

Nominalisierte Adjektive und Partizipien

Regel 1: Nominalisierte **Adjektive** (auch **Partizipien** und andere Wortarten) werden in der Regel **groß**geschrieben:	
Du tust schon das **R**ichtige.	
bestimmter Artikel	nominalisiertes Adjektiv
Wir müssen auf …	das **F**olgende (**F**olgendes) achten.
Der Schüler hat …	das **W**esentliche erfasst.
Den Vorfall weiß ich …	im (= in dem) **E**inzelnen nicht mehr.
Schließlich saßen alle …	im **D**unkeln.
Daran hat er nicht …	im **E**ntferntesten gedacht.
Paul erwartete …	etwas **G**roßes.
Das neue Jahr brachte …	wenig **E**rfreuliches.

29 Setze jetzt die Adjektive in den Klammern in der richtigen Form ein:

Herr Müller! Sie, Herr Müller!

Machen Sie sich auf das (schrecklich) ______________________________ gefasst! Der Zustand meines Hauses, für den Sie als Mieter ja verantwortlich sind, liegt im (arg) ______________________, man kann sagen, er ist saumäßig (arg) ______________________. Wenn noch einmal das (gering) ______________________ vorkommt, dann erkläre ich Ihnen den Krieg. Ja, Sie hören richtig: den Krieg! Ich habe mir meine Maßnahmen absolut (genau) ______________________ ausgedacht. Im (allgemein) ______________________ bin ich ja ein friedlicher Mensch, aber was zu weit geht, geht einfach zu weit. Ich will jetzt gar nicht darauf eingehen, wie Sie mein Haus misshandeln. An Ausreden habe ich nun schon viel (dumm) ______________________ von Ihnen gehört, es war durchwegs (unvernünftig) ______________________. Das (beste) __________ wäre ja, Sie gleich hinauszuwerfen, wenn das nur ginge! Glauben Sie nicht, dass Sie mich hinters Licht führen können. Ich bleibe auf dem (laufend) ________________. Ich grüße Sie nicht auf das (herzlich) ______________________. Sie nicht!

gez. Josef Deutsch

Regel 2: Auch die **unbestimmten Zahladjektive** wie *einzelne, unzählige, zahllose, zahlreiche* usw. werden, wenn sie zum **Nomen** erhoben sind, immer **groß**geschrieben:

Das muss jeder **E**inzelne selbst entscheiden.
Der Komet wurde von **U**nzähligen beobachtet.

Folgende **Zahladjektive** schreibt man in der Regel **klein**, auch wenn sie formale Merkmale der Nominalisierung aufweisen: *viel, meiste, wenig, eine, andere.*

Den Film haben nur **w**enige gesehen.
Das müssen **v**iele für sich selbst entscheiden.
Die **e**inen spielen, die **a**nderen arbeiten.

Es ist allerdings in Ausnahmefällen dem Schreibenden erlaubt, diese **Zahladjektive** bewusst zu **nominalisieren**, also die Nominalisierung zu betonen:

Er meinte das ganz **Andere**. Die **Meisten** waren meiner Ansicht.

30 Setze die in den Klammern stehenden Wörter richtig ein:

Es waren (zahllos) ____________________ auf der Straße, als der Bär auftauchte und an der Imbissbude nach einem Cheeseburger verlangte. Der (eine) ____________________ oder (andere) ____________________ hätte sicher noch (verschieden) ____________________ zu erledigen gehabt, aber die (meisten) ____________________ konnten sich von dem großen Eindruck, den der ungebetene Gast auf sie machte, nicht lösen. Erst einmal auf den Geschmack von Fastfood gekommen, fraß das Tier alles (übrig) ____________________ auf, was in der Bude zu kriegen war. Der Besitzer seinerseits tat alles (möglich) ____________________, um seinen seltenen Gast zu befriedigen. Für das Publikum jedenfalls war die Openair-Darbietung als (ganz) ____________________ ein voller Erfolg.

Regel 3: **Nominalisierte** Adjektive, die für **Farben** stehen, werden natürlich auch **groß**geschrieben. Du musst sie aber sorgfältig von den Adjektiven unterscheiden, die **nicht** nominalisiert sind:

Ich liebe **B**lau. (Frage: **was**? → **das B**lau, also **groß**)
Rafael streicht die Wand **b**lau an. (Frage: **Wie** streicht er sie an? → **b**lau)
Die Meldung traf ins **S**chwarze. (Frage: in **was**? → in **das S**chwarze, also **groß**)
Herr Beck kleidet sich gerne **s**chwarz. (Frage: **Wie** kleidet er sich? → **s**chwarz)

31 Schreibe mit **großem** oder **kleinem** Anfangsbuchstaben:

1. (gelb) Wir malen die Vase ________________ an.
2. (rot, weiß, rosa) Wenn man __________ mit _____________ mischt, entsteht ___________.
3. (schwarz, weiß) Das kannst du _____________ auf __________ haben.
4. (gelb) Die Ampel schaltet auf _______________ um.

Regel 4: Nominalisierte **Adjektive**, die für **Sprachen** stehen, schreibt man **groß**.

Hier ist immer **die** englische **Sprache** gemeint:

Ihr **E**nglisch ist ausgezeichnet.
Das **E**nglische ist eine Weltsprache.
Mit **E**nglisch kommt man überall durch.

In folgenden Fällen ist **Groß**- und **Klein**schreibung möglich:

Tanja spricht **E**nglisch. (**was**? → die englische **Sprache**)
Tanja spricht **e**nglisch. (**wie**? → englisch)

32 Schreibe wieder mit **großem** oder **kleinem** Anfangsbuchstaben.
Wann ist beides möglich?

1. (englisch) Ich sprach den Herrn ______________________ an.
2. (russisch) Mit ______________________ kann man sich nicht überall verständigen.
3. (deutsch) Er erzählte es auf ______________________.
4. (chinesisch) Sie spricht ______________________.

Regel 5: **Paarformeln** mit nichtdeklinierten **Adjektiven** (z. B. groß, klein) werden, wenn sie für Personen stehen, **groß**geschrieben.

Das war eine Freude für **J**ung und **A**lt.
Paarformel (gemeint ist: **die J**ungen und **die A**lten)

Die Regel zu den Paarformeln ist nicht ganz einfach, man kommt aber zurecht, wenn man sich klarmacht, dass man Paarformeln immer dann großschreibt, wenn sie sich auf Personen beziehen.

Beispiel: Jung und Alt = die jungen und die alten Personen,
Groß und Klein = die großen und die kleinen Leute

Regel 6: **Feste** Verbindungen aus **Präposition** und **nicht dekliniertem Adjektiv** ohne vorhergehenden **Artikel** werden **klein**geschrieben:

Sie blickten **nach oben** und **unten**.
Die Leute kamen **von nah** und **fern**.

Bei **deklinierten** Adjektiven (man erkennt sie an veränderten **Endungen**) kann **klein**- und **groß**geschrieben werden.

Das Geschrei begann immer wieder von **n**eu**em**/**N**eu**em**.
Er reservierte die Karten ohne **w**eiter**es**/**W**eiter**es**.

33 Schreibe die folgenden Paare richtig in **Groß**- oder **Klein**schreibung auf. Bei manchen Adjektiven ist Groß- **und** Kleinschreibung erlaubt:

1. (groß und klein) Das Fest besuchten ____________ und ____________.
2. (gleich und gleich) ____________ und ____________ gesellt sich gern.
3. (kurz) Er ist seit ________________ in Urlaub.
4. (arm und reich) Vor dem Gesetz werden __________ und ____________ gleich behandelt.
5. (weit) Wir bleiben bis auf ______________________.
6. (kurz oder lang) Wir kommen über ____________ oder ____________ zusammen.
7. (dick und dünn) Wir gehen zusammen durch ________ und _________.

Regel 7: **Ordnungszahlen** (z. B. erster, zweiter) und **sinnverwandte** Adjektive (nächst, letzt) können zum **Nomen** erhoben werden und sind dann **groß**zuschreiben:

Du bist **der E**rste, der uns besucht hat. Jeder **D**ritte muss ausscheiden. **Der N**ächste soll eintreten.

Aber: Grundzahlen unter einer Million, z. B. eins, zwei, drei schreibt man in der Regel klein:

Die **zwei** wissen nicht, was sie tun sollen. Sie kam um **fünf** an.

Ist bei einer nominalisierten **Grundzahl** die jeweilige **Ziffer** gemeint, so schreibt man sie **groß**:

Eine **Acht** schreiben. Sie setzt auf die **Vier**. Er würfelt eine **Sechs**.

34 Setze die Zahlen mit **großem** oder **kleinem** Anfangsbuchstaben ein:

1. (drei) Heute ist schon der ______________________ des Monats.
2. (neun) Jetzt musst du die Zahl durch ____________________ teilen.
3. (letzt) Als ______________ muss noch die Schraube befestigt werden.
4. (vier) Jeder _____________________ lehnte den Vorschlag ab.
5. (zwei) Wir _____________________ lassen uns nicht einschüchtern.
6. (fünf) Paul würfelte eine ______________________.

Regel 8: Bei **nominalisierten** Wortarten kann es sich auch um **Pronomen** (z. B. du, dein), **Adverbien** (z. B. oben, jetzt), **Konjunktionen** (z. B. wenn, aber) oder **Interjektionen** (z. B. ach, weh) handeln.

Pronomen:	Er bietet mir das **Du** an.
Adverbien:	Wir leben immer im **Jetzt**.
Konjunktionen:	Du bekommst es ohne **Wenn** und **Aber**.
Interjektionen:	Es ging nicht ohne **Weh** und **Ach**.

35 Setze die Wörter in den Klammern jeweils zweimal ein, einmal **groß** und einmal **klein**.

1. (etwas) Es ist zwar kein gewisses _______________, aber es ist gewiss schon _______________.
2. (nichts) Vor uns war _______________, trotzdem standen wir nicht vor dem _______________.
3. (mein, dein) Das ist _______ Stift und das ist _______ Stift, kannst du _______ und _______ nicht unterscheiden?

36 Setze auch hier die Wörter in den Klammern jeweils zweimal ein, einmal **groß** und einmal **klein**.

1. (fünf) Ich setze nicht alles auf die ____________, waren es überhaupt ____________?
2. (durcheinander) Es gab ein großes ______________________________, denn alles lief ______________________________.
3. (hin, her) Einmal läuft sie ____________, dann läuft sie ____________, es ist ein ewiges ______________ und ________________.
4. (nein) Dir fällt das __________ schwer, mir nicht, ich sage __________ und basta!

Puh, bei so viel
Hin und Her komme ich
richtig ins Schwitzen! Ich
mache jetzt erst einmal
Pause!

Rechtschreibtraining

ab 5. Klasse und für Erwachsene

Lösungen

Dieser Lösungsteil ist herausnehmbar!
Klammern in der Mitte des Heftes öffnen!

1 Er fa**ss**t das Fa**ss** mit beiden Händen an.
Hanna kü**ss**t Finn.
Ich denke mir, da**ss** du diese Aufgaben schaffen wirst.

2 Das Flo**ß** ist gro**ß**.
Vergiss blo**ß** den schönen Gru**ß** nicht!

3 eine scheu**ß**liche Waffe; eine wei**ß**e Teekanne;
ein Strau**ß** Blumen; er will sich nicht äu**ß**ern;
alle waren wirklich flei**ß**ig

4 Der König lie**ß** den Minister rufen. Sofort herrschte er ihn an: „Wei**ß**t du noch immer nicht, da**ss** meine Untertanen meine Macht bei jeder Gelegenheit spüren mü**ss**en? Bei Tisch mu**ss** ich die grö**ß**te Portion bekommen, au**ß**erdem pa**ss**t es mir nicht, wenn den anderen nicht schmeckt, was mir schmeckt. Bei Audienzen la**ss**e ich heute den einen drau**ß**en und morgen den anderen, ganz wie es mir pa**ss**t. Da**ss** du mir da in nichts hineinpfuschst. Einen übersehe ich, einen anderen grü**ß**e ich. Es ist ein Genu**ss** zu sehen, wie sie sich alle nach einem freundlichen Blick von mir sehnen. Heute gestattet der König einem Untertan, seine Fü**ß**e zu kü**ss**en, einen anderen, der es auch gerne möchte, lä**ss**t er zappeln wie den Fisch im Netz." Der König hatte sich beruhigt und fa**ss**te den Minister fa**s**t liebevoll an den Händen: „Du bist gewi**ss** meiner Meinung: Es gibt nichts Schöneres als die Macht."

5 Leo sagt zu Tim: „Schau her, **das** (**D**) ist **das** (**A**) Auto meines Vaters. Ich sage dir: **Das** (**D**) ist eine elende Klapperkiste. Sich so ein Auto zu kaufen, **das** (**D**) ist typisch für meinen Vater. Ich sage dir **das** (**D**) im Vertrauen: Für ihn ist **das** (**A**) Auto optimal, weil er nichts von Autos hält. **Das** (**D**) ist nun einmal so."

6 Noch einmal Leo: „**Das** (**A**) Auto, **das** (**R**) ich mir einmal kaufe, wird ganz anders aussehen. **Das** (**D**) ist doch wohl selbstverständlich. **Das** (**A**) Äußere, auf **das** (**R**) ich besonders achten werde, ist einfach wichtig. Ich mag Chrom, **das** (**R**) **das** (**A**) Auto meiner Träume so richtig blitzen lässt. Natürlich ist **das** (**A**) Wichtigste **das** (**D**), was sich im Inneren verbirgt. **Das** (**D**) weiß doch jedes Kind."

7 Das Übereinkommen über die Rechte des Kindes, **das** 1990 in Kraft trat, wurde von fast allen Staaten der Welt angenommen. Es ist nicht verwunderlich, **dass** die 54 Artikel der Kinderrechtskonvention für Kinder im Wortlaut schwer zu verstehen sind. Ein Papier, **das** die UNICEF daraus gemacht hat, fasst die 54 Artikel in 10 Grundrechte zusammen, und zwar so, **dass** jedes Kind, **das** sie liest, etwas damit anfangen kann. Allein in Deutschland kümmern sich rund 100 Organisationen darum, **dass** dieses Übereinkommen, **das** die Kinderrechte regelt, bekannt ist und **dass** es eingehalten wird.

8 Die Kinderrechtskonvention will erreichen, **dass** alle Kinder der Welt gleich behandelt werden. **Das** ist eine große Aufgabe. Wir wissen, **dass** unzählige Kinder wegen ihrer Herkunft, ihrer Religion oder ihres Geschlechts diskriminiert werden. **Dass** jedes Kind ein Recht auf Gesundheit und Bildung hat, **das** sollte selbstverständlich sein. Man stelle sich vor, **dass** es in Deutschland nicht möglich wäre, **dass** Kinder spielen und sich erholen können. Zur Privatsphäre gehört auch **das** Briefgeheimnis, **das** bei uns für Kinder noch nicht selbstverständlich ist. **Das** muss sich noch ändern. Jedoch können behinderte Kinder bei uns davon ausgehen, **dass** sie angemessen betreut werden. Dagegen ist **das** Recht auf eine Familie und auf elterliche Fürsorge, **das** so außerordentlich wichtig ist, nicht immer gegeben.

9

Auspu**fff**lamme	oder	Auspu**ff-F**lamme
Schri**ttt**empo	oder	Schri**tt-T**empo
Flu**sss**trecke	oder	Flu**ss-S**trecke
T**eee**i	oder	T**ee-E**i
Ba**sss**timme	oder	Ba**ss-S**timme
fe**ttt**riefend		

10 Die Hexe Fata Morgana war ein A**ss** in jeder Beziehung, aber kein To**ll**patsch, unter einer Voraussetzung allerdings: Sie musste immer genügend Vorrat von ihrer Lieblingsspeise zu Hause haben, und das war Karame**ll**. Dann war sie unschlagbar: Sie wusste den richtigen Ti**pp** im Lotto, konnte, wenn der Stu**ck**ateur beim Gipsen wieder einmal eine Sauerei gemacht hatte, in Sekundenschnelle mit dem Mo**pp** das Schloss putzen und gleichzeitig mit dem abenteuerlichsten Ste**pp** durch die Räume sausen.

11

behände	Hand
belämmert	Lamm
Quäntchen	Quantum
schnäuzen	Schnauze, der Schnauz
Gämse	Gams
überschwänglich	Überschwang
aufwendig	aufwenden
aufwändig	Aufwand

12 Herr Hoppla stand ziemlich belämmert da. Er hatte kein Quäntchen Munition mehr in der Flinte und die Gämse hatte längst das Weite gesucht. Behände war sie über die Felsen geklettert und schließlich verschwunden. Herr Hoppla schnäuzte sich, fast hätte er eine Träne verloren, denn mit überschwänglichem Gefühl war er auf die Jagd gegangen, aber leider war ihm an diesem Tag kein Glück beschieden.

13 Fantasie, Paragraf, Katastrophe, Biografie, Prophet, Alphabet, Grafik, Phantom, Typhus, Morphium, Saxofon, Physik, Fotografie, Delfin

14 Der Panther (-), der noch schnell den Joghurt (-) frisst, gibt das Megafon (**Megaphon**) dem Herrn Delfin (**Delphin**), damit der nicht vergisst, dem Publikum zu sagen: „Der Thunfisch (-) tritt nicht auf, er leidet an Katarrh (-) und Schmerzen arg im Magen."

15 Familie Hübsch war am Nachmittag im Zirkus (**Circus**), obwohl Herr Hübsch lieber zu Hause seinen verschiedenen Hobbys nachgegangen wäre. Tochter Katrin durfte ihre Cousine (-) mitnehmen. Die Darbietungen der Akrobaten waren fantastisch (**phantastisch**). Doch der schwarze Panther (-) tat ihr leid. Er saß in einem Käfig wie in einem Ghetto (**Getto**). Aber in der Pause stellten eine Portion Spaghetti (-) mit Ketchup (-) und ein erfrischender Joghurt (-) ihr Gleichgewicht wieder her. Dann kam eine Nummer, die auch in ein Varieté (-) gepasst hätte. Eine Dame mit großem Dekolleté (-) ließ sich in der Mitte durchschneiden. Gerade als es spannend wurde, klingelten mehrere Handys. Es war ein aufregender Nachmittag.

16 Differenz: **differenziell** (**differentiell**)
Potenz: **potenziell** (**potentiell**)
Substanz: **substanziell** (**substantiell**)
Provinz: **provinziell**
Tendenz: **tendenziell**
Existenz: **existenziell** (**existentiell**)
Essenz: **essenziell** (**essentiell**)
Kommerz: **kommerziell**
Finanzen: **finanziell**

17

	1		2									3				
	B		I		4	J	O	G	H	U	R	T	5	R	A	U
6	A	S	S					7				O				
	B		S		8			Z	9	D	E	L	F	I	N	
	Y	10			G			I				L			11	
12	S	C	H	N	Ä	U	Z	E	N	13		P			T	
		A			M			R		S		A			I	
		R		14	S	C	H	R	I	T	T	T	E	M	P	O
		I		15	E			A		Ä		S			P	
		T		H			16	T		N		C				
		A		A			J			G	17	H	A	S	S	
	18	S	A	X	O	F	O	N		E						
				E			B			L	19	G	E	T	T	O

18 **S**ehr verehrter Herr Frosch,
ich staune eher selten. **N**icht einmal dann, wenn **S**ie mir einen Brief schreiben. Allerdings muss ich zugeben: **H**andschriftliche Briefe gehen mir schon sehr nahe. Aber ich möchte zur Sache kommen: **z**um Essigbaum. Lassen Sie es mich gleich sagen: **I**ch habe ihn nicht mehr unter Kontrolle. Er ist mir einfach über den Kopf gewachsen, dieser Bengel. Aber ich erinnere Sie an das **E**uropäische Naturschutzgesetz: §7 **F**ür Pflanzen gibt es keine Grenzen. Also auch nicht zwischen Nachbarn. Daran haben Sie – **t**rotz Ihrer Klugheit – wohl nicht gedacht. **'s** ist aber kein Unglück. 14 **l**ächerliche Seiten eines Gesetzes haben Sie doch in kürzester Zeit gelesen, und dann wissen Sie alles. „**D**iese paar Essigbäume haben doch Platz in seinem Garten", **s**agt meine Frau immer. Ich sah neulich den Film „**M**ehr Freiheit für Essigbäume". Sehe ich genau so, sage ich Ihnen. Denken Sie noch einmal nach, Herr Frosch.

Mit freundlichen Grüßen
Nikolaus Rodenkamp

19 Modell sitzen – Kaffee trinken – Unkraut jäten – Radio hören – Not leiden – Angst haben – Anteil nehmen – Auto fahren – Schlange stehen – Schlittschuh laufen – Kegel schieben

20 Die Ferien werden bald zu **Ende** gehen.
Wir werden heute noch einmal zu **Fuß** zum Einkaufen gehen.
Mein Lehrer legt **Wert** auf schöne Schrift.
Bei meiner Schrift stehen ihm oft die Haare zu **Berge**.
Wenn du mich brauchst, werde ich dir zu **Hilfe** kommen.
An diesem Unfall trage ich leider **Schuld**.
Ich habe eben die nötige Vorsicht außer **Acht** gelassen.
Es ist Gott sei Dank niemand zu **Schaden** gekommen.
Den finanziellen Schaden muss ich in **Kauf** nehmen.

21 alle **p**aar Minuten – die ersten **p**aar Mal – die beiden sind ein hübsches **P**aar – es gab **d/D**utzende von Beanstandungen – das erste **D**utzend ist voll – es mussten **h/H**underte von Menschen versorgt werden – fünf von **h**undert Fahrgästen hatten keine Fahrkarte – ein volles **T**ausend Zuschauer hat Platz – die Veranstaltung haben **M**illionen von Zuschauern gesehen – die Erde hat rund 7 **M**illiarden Bewohner

22 Gestern **Morgen** standen wir schon um fünf Uhr auf. Dafür gingen wir **gestern Abend/Nacht** aber bereits um 22 Uhr ins Bett. Da wir, wenn Julia aus der Schule kommt, gleich wegfahren, gibt es **heute Mittag** kein warmes Essen. Wir holen das heute **Abend** nach.

23 Jetzt ist er mir auch noch **g**ram! Ich muss schon sagen: Das ist einfach **k**lasse. Dabei fressen mich **G**ram und **L**eid bald auf. Ehrlich gesagt: Ich bin es allmählich **l**eid, dass alles nach seiner Nase gehen soll. Würde er nur einmal sagen: „Du hast ja so **r**echt. Immer wieder frage ich: „Ist es dir **r**echt? Ist es dir nicht **r**echt?" Leider ist das **R**echt nicht immer auf meiner Seite. Ich fahre allmählich aus meiner Haut, wo ich doch nebenbei auch noch fast **p**leite bin. Könnte ich nur zu ihm sagen: „Daran bist nur du **s**chuld!" Geht aber leider nicht, er hat nämlich keine **S**chuld.

24 Bei uns sollte **f**reitags ein **b**isschen Spaß während der Prüfung **s**tattfinden, aber **l**aut Schulordnung darf bei so einer Veranstaltung kein **L**aut zu hören sein. Wir machten **t**rotz dieser Regel ein wenig Unsinn; es werden doch die Lehrer nicht gleich **k**opfstehen. Irrtum: Sie standen **k**opf. Die können einem ja richtig **l**eidtun. Sie taten uns aber, ehrlich gesagt, nicht **l**eid. Im Gegenteil, **d**ank der gelungenen Prüfung feierten wir ein **p**aar Tage später mit voller **K**raft **a**bends ein kleines Fest. Wer konnte, nahm daran **t**eil.

25
1. Das sind nur **sieben achtel** Liter (oder: **sieben Achtelliter**).
2. Nach **drei viertel** Stunden (oder: **drei Viertelstunden**) kam sie.
3. Es fehlte gerade noch **eine halbe** Sekunde zum Sieg.
4. Wir hatten erst **zwei Drittel** des Weges zurückgelegt.
5. Wir fahren um **(ein) Viertel** vor drei.
6. Sie wog **ein achtel** Kilogramm (oder: **ein Achtelkilogramm**) ab.

26 **Das V**or- und **Z**urücklaufen (**1**) macht mich nervös.
Langes Zögern (**2**) ist nicht mein Fall.
Auf dem Markt gab es **allerlei G**utes (**1**).
Lügen (**3**) bringt oft nur für kurze Zeit Erfolg.

27 1. Hier ist **Halten** verboten.
2. An dieser Stelle ist **Überholen** nicht gestattet.
3. Hier ist **Fahrradfahren** nicht erlaubt.

28

BETRETEN DES KLASSENZIMMERS VORMITTAGS VERBOTEN

IN DIESER SCHULE IST ABSCHREIBEN ERWÜNSCHT

ABLEGEN DES KOPFES AUF DEM PULT NUR SCHÜLERN ERLAUBT

BERÜHREN DER LEHRKRAFT NICHT GESTATTET

ESSEN UND TRINKEN WÄHREND DES UNTERRICHTS ERWÜNSCHT

SPRECHEN MIT DEM NACHBARN IMMER ERWÜNSCHT

29 Herr Müller! Sie, Herr Müller!
Machen Sie sich auf das **Schrecklichste** gefasst! Der Zustand meines Hauses, für den Sie als Mieter ja verantwortlich sind, liegt im **Argen**, man kann sagen, er ist saumäßig **arg**. Wenn noch einmal das **Geringste** vorkommt, dann erkläre ich Ihnen den Krieg. Ja, Sie hören richtig: den Krieg! Ich habe mir meine Maßnahmen absolut **genau** ausgedacht. Im **Allgemeinen** bin ich ja ein friedlicher Mensch, aber was zu weit geht, geht einfach zu weit. Ich will jetzt gar nicht darauf eingehen, wie Sie mein Haus misshandeln. An Ausreden habe ich nun schon viel **Dummes** von Ihnen gehört, es war durchwegs **unvernünftig**. Das **B**este wäre ja, Sie gleich hinauszuwerfen, wenn das nur ginge! Glauben Sie nicht, dass Sie mich hinters Licht führen können. Ich bleibe auf dem **Laufenden**.
Ich grüße Sie nicht auf das **Herzlichste**. Sie nicht!

30 Es waren **Zahllose** auf der Straße, als der Bär auftauchte und an der Imbissbude nach einem Cheeseburger verlangte. Der **eine** oder **andere** hätte sicher noch **Verschiedenes** zu erledigen gehabt, aber die **meisten** konnten sich von dem großen Eindruck, den der ungebetene Gast auf sie machte, nicht lösen. Erst einmal auf den Geschmack von Fastfood gekommen, fraß das Tier alles **Übrige** auf, was in der Bude zu kriegen war. Der Besitzer seinerseits tat alles **Mögliche**, um seinen seltenen Gast zu befriedigen. Für das Publikum jedenfalls war die Openair-Darbietung als **Ganzes** ein voller Erfolg.

31 1. Wir malen die Vase **gelb** (wie?) an.
2. Wenn man **Rot** (das Rot) mit **Weiß** (das Weiß) mischt, entsteht **Rosa** (das Rosa).
3. Das kannst du **schwarz** (wie?) auf **weiß** (wie?) haben.
4. Die Ampel schaltet auf **Gelb** (das Gelb) um.

32 1. Ich sprach den Herrn **englisch** (wie?) an.
2. Mit **Russisch** (mit der russischen Sprache) kann man sich nicht überall verständigen.
3. Er erzählte es auf **Deutsch** (die deutsche Sprache).
4. Sie spricht **Chinesisch** (die chinesische Sprache)/**chinesisch** (wie?).

33 1. Das Fest besuchten **Groß** und **Klein**.
2. **Gleich** und **Gleich** gesellt sich gern.
3. Er ist seit **kurzem/Kurzem** in Urlaub.
4. Vor dem Gesetz werden **Arm** und **Reich** gleich behandelt.
5. Wir bleiben bis auf **weiteres/Weiteres**.
6. Wir kommen über **kurz** oder **lang** zusammen.
7. Wir gehen zusammen durch **dick** und **dünn**.

34 1. Heute ist schon der **Dritte** (= Ordnungszahl) des Monats.
2. Jetzt musst du die Zahl durch **neun** (= Kardinalzahl/Grundzahl) teilen.
3. Als **Letztes** (mit Ordnungszahl verwandt) muss noch die Schraube befestigt werden.
4. Jeder **Vierte** (= Ordnungszahl) lehnte den Vorschlag ab.
5. Wir **zwei** (= Kardinalzahl) lassen uns nicht einschüchtern.
6. Paul würfelte eine **Fünf** (= nominalisierte Kardinalzahl).

35 1. Es ist zwar kein gewisses **Etwas**, aber es ist gewiss schon **etwas**.
2. Vor uns war **nichts**, trotzdem standen wir nicht vor dem **Nichts**.
3. Das ist **mein** Stift und das ist **dein** Stift, kannst du **Mein** und **Dein** nicht unterscheiden?

36 1. Ich setze nicht alles auf die **Fünf**, waren es überhaupt **fünf**?
2. Es gab ein großes **Durcheinander**, denn alles lief **durcheinander**.
3. Einmal läuft sie **hin**, dann läuft sie **her**, es ist ein ewiges **Hin** und **Her**.
4. Dir fällt das **Nein** schwer, mir nicht, ich sage **nein** und basta!

37 Die **rosa markierten Nomen** zeigen an, dass sich die nachfolgenden Adjektive darauf beziehen. Man schreibt diese dann **klein**.

Der **Nächste** wurde zum Vorlesen aufgerufen. Er bekam eine **Eins**. Zwei **Buben** gewannen Preise, der **erste** ein Buch, der **zweite** eine CD. Fünf **Mädchen** waren schon da, auf das **letzte** warteten wir vergebens. Das **sechste** konnte also nicht mitmachen. Mehrere **Kinder** spielten draußen, einige **jüngere** im Sandkasten, die **größeren** mit dem Ball.

38 Walter von der Vogelweide – Katharina die Große – die Straße von Gibraltar – Unter den Linden – der Allgemeine Deutsche Automobilclub – das Hotel Vier Jahreszeiten – der Nahe Osten – die Deutsche Bahn – die Sozialdemokratische Partei Deutschlands – die Deutsche Nationalmannschaft

39 die **schwarze** Liste
das **olympische** Feuer
der **Bayerische** Wald
der **schwarze** Mann oder der **Schwarze** Mann
die **Königliche** Hoheit
der **Rote** Planet (*Mars*)
der **Heilige** Abend
die **goldene** Hochzeit
die **Goldene** Stadt (*Prag*)
das **große** Einmaleins

40
1. Direkte Rede aus einem Schüleraufsatz: „Mein lieber Markus, da hast **d**u **d**ich aber getäuscht. **D**u und **d**ein Freund Tom, **i**hr geht mir ganz schön auf die Nerven. Ich will **e**uch nicht mehr sehen!“
2. Aus einem Buch: Wissen **S**ie, sehr verehrter Herr Mühsam, ich trage **I**hnen nichts nach.
3. Aus einem Brief: Geben **S**ie **I**hrem Herzen einen Ruck und erlassen **S**ie uns die Schuld.
4. Aus einem Brief: **D**u weißt gar nicht, wie sehr ich **d**ich/**D**ich liebe, meine süße Kathrin, **d**u/**D**u kannst **d**ir/**D**ir nicht vorstellen, wie sehr ich darauf warte, wieder in **d**einen/**D**einen Armen zu liegen.

41
1. Beachten Sie bitte: **D**as Museum ist in der folgenden Woche geschlossen.
2. Er wusste nicht mehr, wie viele es waren: **d**rei oder vier?
3. Mein Freund schrie: „**K**annst du mal schnell kommen?"
4. Er war sich der Reihenfolge sicher: **d**rücken, drehen, dann anziehen.
5. Wir weisen darauf hin: **D**ie Geschwindigkeit darf nicht erhöht werden.

42
„Ich wünsche **I**hnen einen schönen Tag, Frau Berta!"
„Ganz meinerseits, Herr Emil. Haben **S**ie heute **M**orgen schon gebadet?"
„Gewiss, ohne **B**aden ist **S**chwitzen bei diesen Temperaturen schlimm."
„Ich habe ja hier ein **D**utzend Tümpel gezählt. Das ist schon **k**lasse und genau das **R**ichtige für unsereins: **e**ine Freude für **J**ung und **A**lt gewissermaßen."
„Ja, Frau Berta, wir **z**wei wissen schon, was gut ist. Allerdings: **I**ch vermisse Schlammlöcher. Die Trockenheit diesen Herbst hat für uns wenig **E**rfreuliches."
„Bei Nässe im Frühjahr, da sind Schlammtümpel am **s**chönsten. Ich kenne auch jetzt noch einen, da können **S**ie ohne **w**/**W**eiteres vorbeikommen, der füllt sich bei jedem Gewitter von **n**/**N**euem. Kommen Sie einfach mal **n**achmittags vorbei, **S**ie werden **k**opfstehen vor Begeisterung!"
„Mit dieser Einladung treffen **S**ie gewissermaßen ins **S**chwarze."
„Ich bitte **S**ie, Herr Emil, seit unserer Flucht aus der Schweinemastanlage ist dieses In-den-Tag-hinein-Leben einfach wunderbar, mir wird **a**ngst und **b**ange, wenn ich an dieses **V**egetieren dort nur denke."
„Nichts **S**chlimmeres ist denkbar als die lebenslange Qual unserer Brüder und Schwestern. Die **A**rmen! Lebenslang fast im **D**unkeln und **D**auerstinken ohne die **F**rische der Natur."
„Und im zarten Alter von sieben Monaten eines gewaltsamen Todes sterben. Einzige Chance zur Flucht: **d**as Durcheinander beim Abtransport zum **S**chlachten."
„Frau Berta, wir werden gemeinsam durch **d**ick und **d**ünn gehen."
„Herr Emil, darf ich **I**hnen das **D**u anbieten?"
„Gerne. Doch werde ich mich jetzt mit geduldigem **S**uchen nach **E**ssbarem beschäftigen. Herrliche Eicheln gibt es, ich werde fast verrückt sobald ich ihr **B**raun erspähe."
„Wünsche **d**ir guten Appetit, vielleicht sehen wir uns morgen **A**bend."

43 schlussfolgern – lobpreisen – schlafwandeln – frohlocken – vollenden – untersuchen – tiefgefrieren – bruchrechnen – überleben – wetteifern – notlanden – sonnenbaden – liebkosen

44

mitmachen	mitgemacht
durchfallen	durchgefallen
nachsehen	nachgesehen
hereinkommen	hereingekommen
gernhaben	gerngehabt
hierbleiben	hiergeblieben
schwerfallen	schwergefallen
schwarzfahren	schwarzgefahren
leidtun	leidgetan

45 Es wird schon nichts **dazwischenkommen**.
Er wird **dazu schweigen**.
Kannst du das Wetter **vorhersagen**?
Wir sind noch einmal **davongekommen**.
Davon kommen diese vielen Schwierigkeiten.
Wir müssen **dazwischen essen**.
Man sollte sich nie **danebenbenehmen**.
Wir sollten bei dieser Aufgabe unbedingt **zusammenarbeiten**.
Wenn du mitkommen willst, musst du das **vorher sagen**.
Oskar wird schon für uns **vorangehen**.
Jetzt wollen wir erst einmal **durchatmen**.
Kannst du **rückwärts einparken**?

46 Tim konnte schon in der ersten Klasse **gut schreiben**.
Er wird die lästige Konkurrentin **kaltstellen**.
Man sollte Schmerzen nicht zu **leichtnehmen**.
Die Arznei lässt sich in der Apotheke **frei kaufen**.
Die Polizei wird den Täter **dingfest machen**.
Ich lasse mich nicht **bloßstellen**.
Man muss ihm diese Tatsache endlich **klarmachen**.
Affen können oft **leicht lernen**.
Frau Hoffmann ließ sich den Betrag **gutschreiben**.

47 Auf eisglatter Straße kann man **schwer fallen**.
Diese Frage müssen wir noch **offenlassen**.
Vorsicht! Hier kann man **leicht fallen**.
Die Polizei wird den Täter **festnehmen**.
In diesen Schuhen kann ich **gut gehen**.
Man soll andere nicht **schlechtmachen**.
Das Land wird den Gefangenen **freikaufen**.
Dieses Wort musst du **kleinschreiben**.
Rosa will den Zaun **hellblau streichen**.
Noch heute werde ich den Anzug **fertig machen**.
Für die Suppe soll man das Gemüse **klein schneiden** (auch: **kleinschneiden**).
Man sollte die Torte erst einmal **kalt stellen** (auch: **kaltstellen**).
Du solltest das Fenster **offen lassen**.
Diese Aufgabe wird dir **leichtfallen**.
Mit deinen Händen musst du das Seilende **fest nehmen**.
Ich habe Angst, denn er wird mich **fertigmachen**.
Du musst **klein schreiben**, sonst passt der Text nicht auf eine Seite.
Diese Arbeit wird uns **schwerfallen**.
Man sollte Feuchtgebiete nicht **trockenlegen**.
Bitte das Essen **warm halten**.
Meine Mutter muss mich alleine **großziehen**.

48 Ach wissen Sie, ich will ja nicht **frohlocken**, dass wir das heutige Spiel gewonnen haben. Es würde mir **leichtfallen**, „Hurra" zu schreien. Nein, man muss sich beim Siegesgeschrei **zurückhalten**, darf nicht gleich vor Begeisterung **Feuer fangen**, sondern muss gewissermaßen **maßhalten** oder **Maß halten**. Natürlich haben unsere Jungs den Sieg nicht **geschenkt bekommen**. Aber so, wie die Dinge jetzt **aussehen**, müssen wir beim Halbfinale, auch wenn wir unseren Angstgegner von der letzten EM **wiedersehen**, keine **Angst haben**. Allerdings dürfen wir nicht **schlussfolgern**, dass wir den Sieg sicher **heimbringen**.

49

zufrieden sein	8		Rad fahren	6
klein schneiden	4		krankschreiben	5
Feuer fangen	6		preisgeben	2
laufen lernen	7		wieder sehen	3
klar denken	4		maßregeln	1
freisprechen	5		davon kommen	3
handhaben	1		liegen bleiben	7
zurück sein	8		fortgehen	2

50 uralt, minderbegabt, brandneu, redselig, stockdunkel, todmüde, bitterböse, hitzebeständig

51 Ein **selbstbewusster**, leider **denkfauler**, **dicht behaarter** (auch: **dichtbehaarter**) **minderjähriger** Affe besuchte **werbewirksam**, aber **todunglücklich** ein **neu eröffnetes** (auch: **neueröffnetes**) Fast Food Restaurant, weil es in diesen **regenarmen** und deshalb nicht mehr **feuchtwarmen** Zeiten leider nichts Besseres zu essen gab, dafür große **Not leidende** Tiere.
Der Besucher war zwar nicht **redselig**, trotzdem nicht **taubstumm** oder auf andere Weise **schwerbehindert** (auch: **schwer behindert**), auch nicht **hoch verschuldet** (auch: **hochverschuldet**) oder **fleischfressend** (auch: **Fleisch fressend**), aber **gut unterrichtet** (auch: **gutunterrichtet**) über das, was ihn in einem solchen Restaurant erwartete.

52

schlauerweise		anhand	
anstelle	**an Stelle**	probeweise	
irgendwo		sodass	**so dass**
mithilfe	**mit Hilfe**	sobald	
zuallerletzt		zulasten	**zu Lasten**
zuhause	**zu Hause**	bergauf	**den Berg hinauf**
stromabwärts	**den Strom abwärts**	kopfüber	
zumute	**zu Mute**	irgendwann	
seitwärts		zuwege	**zu Wege**
aufgrund	**auf Grund**	aufseiten	**auf Seiten**
mancherorts		zuungunsten	**zu Ungunsten**

53

1. **Zur Zeit** Goethes mussten die meisten Menschen ausschließlich **zu Fuß** gehen.
2. Das **blutjunge** Mädchen sah mich **bitterböse** an.
3. Man muss beim Jonglieren keine **Angst haben**, aber **achtgeben** (auch: **Acht geben**), dass man keinen Fehler macht.
4. Wir können **froh sein**, dass die Gardinen kein **Feuer gefangen** haben.
5. Kannst du bitte das Brot **dünn schneiden**?
6. Ich hoffe, der Arzt wir mich **krankschreiben**.
7. Er sagte das denkbar Schlimmste: „Wir müssen **notlanden**."
8. Ich stelle **gar nichts infrage** (auch: **in Frage**).
9. Du musst am Fluss **entlanggehen**, bis du an der Brücke **vorbeikommst**.
10. **Aufgrund** (auch: **auf Grund**) ihrer Erkätung blieb sie **zuhause** (auch: **zu Hause**).
11. Du kannst mir nicht **weismachen**, dass du heute noch **lesen üben** wirst.
12. **Zugegebenermaßen** kam ich gerade noch mit **handbreitem** Abstand vor dem nächsten Auto zum Halten.
13. Ich kann dich nicht **heimbringen**, das wäre **grundfalsch**, denn draußen ist es schon **stockdunkel**.
14. Was willst du: **eislaufen**, **Schlittschuh laufen** oder **Schlitten fahren**?

54

S-Kurve	UNO-Sicherheitsrat	3-silbig
x-beliebig	Abc-Schütze	60-prozentig
c-Moll	WM-Fußball	2:3-Niederlage
y-Achse	UV-bestrahlt	¾-Takt

55

Herr Fritz ist schon seit den **90er-Jahren** (auch: **90er Jahren**) ein **100%iger SPDler**.
Zum **x-ten Mal** erkläre ich dir die **16tel-Note**.
Die Firma konnte ihren Umsatz um das **8fache** (auch: **8-Fache**) steigern.
Wir steigen in einer **10er-Gruppe** auf den Berg.
Der **8-jährige** Manuel freute sich über den **3:0-Sieg** seiner Mannschaft.

56 Merke dir eins, mein Sohn: Nicht wichtig ist das **Flausen-im-Kopf-Haben**, sondern das **Herz-am-rechten-Fleck-Haben**. Du träumst von einem Auto mit **8-Zylinder-Motor**! Mach erst einmal einen **Erste-Hilfe-Lehrgang** oder spende einen **10-Euro-Schein** für **SOS-Kinderdörfer** oder steck deinen Kopf in ein **englisch-deutsches Wörterbuch** oder geh endlich mal auf einen **Trimm-dich-Pfad**.

57 El-tern, Rech-ner, pa-cken, So-phie, Lo-cke, Sa-phir, Deut-sche, Wes-te, Karp-fen, he-xen, mä-hen, Trai-ning, Abend, Na-ti-o-nen, Fa-mi-lie, Übung, Myr-rhe, Heim-weg, steu-ern, Mu-se-um, her-über oder he-rü-ber, Keh-richt-ei-mer, Pro-duk-ti-on, Bal-lett-the-a-ter, Hand-lungs-un-fä-hig-keit, Zi-ther

58 Pä-da-go-gik oder Päd-a-go-gik, Hek-tar oder Hekt-ar, pa-ral-lel oder par-al-lel, Chi-rurg oder Chir-urg, Hyd-rant oder Hy-drant, Feb-ru-ar oder Fe-bru-ar, Mag-net oder Ma-gnet, Zyk-lus oder Zy-klus, Chry-san-the-me oder Chrys-an-the-me

59 Viele Menschen gehen in Wälder, um sich zu erholen. Sie möchten dem Lärm und der Hetze des Alltags entfliehen, aber das ist nicht der einzige Grund. Wälder bieten noch viel mehr, sie beflügeln unsere Fantasie und wir haben das Gefühl, dem Geheimnis der Natur ganz nahe zu sein.
Urwälder, in denen sich Bäume, Tiere und Pflanzen ungestört entwickeln können, gibt es in Deutschland nicht mehr. Man hat in den letzten Jahrhunderten, ohne auf die Gesundheit des Waldes zu achten, Bäume wie Fichten und Kiefern gepflanzt, weil sie schnell wachsen und deshalb hohen Gewinn versprechen. Schon lange machen vor allem Naturschützer den Vorschlag, Wälder sich selbst zu überlassen, damit sie ihre natürliche Vielfalt entwickeln können. Außerdem kümmern sich viele Organisationen darum, Monokulturen durch Laubbäume aufzuwerten. Die UNESCO hat die alten Buchenwälder Deutschlands zum Weltnaturerbe erklärt, um sie dem Zugriff der Wirtschaft für immer zu entziehen. Das ist gewiss erfreulich, jedoch für ein waldreiches Land wie Deutschland zu wenig. Seit das Heizen mit Holz extrem zugenommen hat, werden viele Wälder geradezu leergeräumt. Wichtig ist eine schonende Waldwirtschaft, damit die Artenvielfalt erhalten bleibt. Trotzdem: Das Bewusstsein für die Bedeutung und Schönheit unserer Wälder wächst, sodass wir für die Zukunft hoffen dürfen.

Adjektive, Partizipien oder Pronomen, die trotz formaler Merkmale der Nominalisierung kleingeschrieben werden

Regel 9: **Adjektive**, die sich auf ein **vorhergehendes** oder **nachfolgendes** Nomen beziehen, schreibt man klein:

Der Hai ist der **gefährlichste** aller **Meeresbewohner**.
bezieht sich auf

Die Verkäuferin zeigte mir ein rotes und ein blaues **Hemd**, das **blaue** gefiel mir am besten.
bezieht sich auf

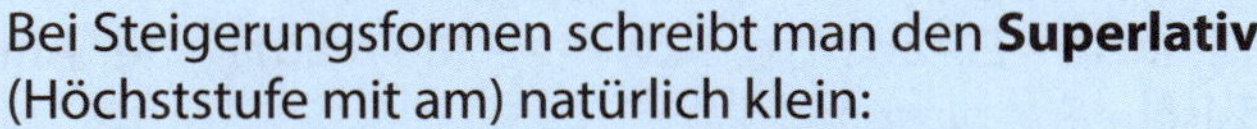

Bei Steigerungsformen schreibt man den **Superlativ** (Höchststufe mit am) natürlich klein:

schön – schöner – am **schönsten**

37 Setze nacheinander die folgenden Wörter in der richtigen Schreibung (also mit großem oder kleinem Anfangsbuchstaben) ein: nächster, eins, erster, zweiter, letzte, sechs, jüngere, größere.

Der ____________________ wurde zum Vorlesen aufgerufen. Er bekam eine ____________________. Zwei Buben gewannen Preise, der ____________________ ein Buch, der ____________________ eine CD. Fünf Mädchen waren schon da, auf das ____________________ warteten wir vergebens. Das ____________________ konnte also nicht mitmachen. Mehrere Kinder spielten draußen, einige ____________________ im Sandkasten, die ____________________ mit dem Ball.

Einfache und mehrteilige Eigennamen

Eigennamen sind Ausdrücke, mit denen eine **Person**, ein **Ort**, ein **Land**, eine **Institution** usw. **einmalig** bezeichnet werden. Man schreibt sie **groß**:

Einfache Eigennamen:
Susanne, Nürnberg, Italien, Bundesverfassungsgericht

Zu einem **mehrteiligen** Eigennamen gehörende Adjektive, Partizipien, Pronomen und Zahladjektive schreibt man groß, nicht aber Artikel, Präpositionen und Konjunktionen.

Mehrteilige Eigennamen:
Johann **W**olfgang von **G**oethe – die **V**ereinigten **S**taaten von **A**merika – **K**linik für **I**nnere **M**edizin – **E**lisabeth die **Z**weite – **K**lein **E**rna – der **A**lte **F**ritz – die **F**ranzösische **R**evolution

38 Schreibe diese mehrteiligen Eigennamen richtig auf:

waltervondervogelweide – katharinadiegroße – die straßevongibraltar – unterdenlinden (= Straße in Berlin) – der allgemeinedeutscheautomobilclub – das hotelvierjahreszeiten – der naheosten – die deutschebahn – die sozialdemokratischeparteideutschlands – diedeutschenationalmannschaft

Mehrteilige feste Begriffe mit Adjektiven

In **Wortgruppen**, die zwar **feste Verbindungen**, aber **keine** Eigennamen sind, schreibt man die **Adjektive** in der Regel **klein:**

das neue Jahr – eine schöne Bescherung – das autogene Training

Ausnahme 1: Wo eine gebräuchliche Gesamtbedeutung entstanden ist, **kann** diese durch **Groß**schreibung betont werden:

das **S**chwarze Brett, auch: das schwarze Brett (Anschlagtafel)
das **G**oldene Zeitalter, auch: das goldene Zeitalter (geschichtliche Blütezeit)
der **W**eiße Tod, auch: der weiße Tod (Lawinentod)

Ausnahme 2: In bestimmten Wortgruppen wird **groß**geschrieben, obwohl **kein Eigenname** vorliegt. Dies ist der Fall bei

Titeln:	der Heilige Vater
Kalendertagen:	der Heilige Abend – der Erste Mai
fachsprachlichen Bezeichnungen:	das Fleißige Lieschen – die Schwarze Witwe die Rote Liste – das Goldene Buch

39 Setze die **Adjektive klein** oder **groß** ein. Wann ist **beides** erlaubt?

die (schwarz) ______________________ Liste

das (olympisch) ______________________ Feuer

der (bayerisch) ______________________ Wald

der (schwarz) ______________________ Mann

die (königlich) ______________________ Hoheit

der (rot) ______________________ Planet (Mars)

der (heilig) ______________________ Abend

die (gold) ______________________ Hochzeit

die (gold) ______________________ Stadt (Prag)

das (groß) ______________________ Einmaleins

Ableitungen von **Personennamen** auf *-isch* und *-sch* werden **klein**geschrieben:

die platonische Liebe		
das ohmsche Gesetz	oder	das Ohm'sche Gesetz
die bachschen Orgelwerke	oder	die Bach'schen Orgelwerke

Anredepronomen und Anreden

In Briefen **können** die Anredepronomen *du* und *ihr* mit ihren Possessivpronomen **groß-** oder **klein**geschrieben werden:

Lieber Dieter,
wenn **Du/du** Lust hast, könnte ich morgen bei **Dir/dir** vorbeikommen.

Achtung: Bei der höflichen Anrede mit **Sie** schreibt man **Ihr** natürlich groß. (vgl. S. 22)

40 Setze jeweils die richtigen **Anfangsbuchstaben** ein:

1. Direkte Rede aus einem Schüleraufsatz: „Mein lieber Markus, da hast ____u ____ich aber getäuscht. ____u und ____ein Freund Tom, ____hr geht mir ganz schön auf die Nerven. Ich will ____uch nicht mehr sehen!"
2. Aus einem Buch: Wissen ____ie, sehr verehrter Herr Mühsam, ich trage ____hnen nichts nach.
3. Aus einem Brief: Geben ____ie ____hrem Herzen einen Ruck und erlassen ____ie uns die Schuld.
4. Aus einem Brief: ____u weißt gar nicht, wie sehr ich ____ich liebe, meine süße Kathrin, ____u kannst ____ir nicht vorstellen, wie sehr ich darauf warte, wieder in ____einen Armen zu liegen.

Die Groß- und Kleinschreibung nach Doppelpunkt

Regel 1: Folgt nach einem Doppelpunkt ein **ganzer** Satz oder eine **direkte Rede**, so wird das erste Wort **groß**geschrieben:

Freundlich blickte er das Mädchen an: **Sie** hielt ihm einen duftenden Strauß mit Wiesenblumen entgegen.
Sie sagte: „**Die** sind für dich, aber eigentlich ist es schade, sie zu pflücken."

Regel 2: Folgt nach einem Doppelpunkt eine **Aufzählung** oder eine **Wortgruppe**, so wird das erste Wort **klein**geschrieben (außer es ist ein Nomen):

Das Mädchen pflückte einen Strauß mit Wiesenblumen: **blendend** weiße Margeriten, Lichtnelken in zartem Rot und gelben Hahnenfuß.
Es waren herrliche Blumen: **trotzdem** keine geschützten.

41 Schreibt man das erste Wort nach dem Doppelpunkt groß oder klein?

1. Beachten Sie bitte: ___as Museum ist in der folgenden Woche geschlossen.
2. Er wusste nicht mehr, wie viele es waren: ___rei oder vier?
3. Mein Freund schrie: „ ___annst du mal schnell kommen?"
4. Er war sich der Reihenfolge sicher: ___rücken, drehen, dann anziehen.
5. Wir weisen darauf hin: ___ie Geschwindigkeit darf nicht erhöht werden.

Abschlusstest 2

42 Setze richtig ein: **groß** bzw. **klein** oder **beides**.

„Ich wünsche ___hnen einen schönen Tag, Frau Berta!"

„Ganz meinerseits, Herr Emil. Haben___ie heute ___orgen schon gebadet?"

„Gewiss, ohne ___aden ist ___chwitzen bei diesen Temperaturen schlimm."

„Ich habe ja hier ein ___utzend Tümpel gezählt. Das ist schon ___lasse und genau das ___ichtige für unsereins: ___ine Freude für ___ung und ___lt gewissermaßen."

„Ja, Frau Berta, wir ___wei wissen schon, was gut ist. Allerdings: ___ch vermisse Schlammlöcher. Die Trockenheit diesen Herbst hat für uns wenig ___rfreuliches."

„Bei Nässe im Frühjahr, da sind Schlammtümpel am ___chönsten. Ich kenne auch jetzt noch einen, da können ___ie ohne ___eiteres vorbeikommen, der füllt sich bei jedem Gewitter von ___euem. Kommen Sie einfach mal ___achmittags vorbei, ___ie werden ___opfstehen vor Begeisterung!"

„Mit dieser Einladung treffen ___ie gewissermaßen ins ___chwarze."

„Ich bitte ___ie, Herr Emil, seit unserer Flucht aus der Schweinemastanlage ist dieses In-den-Tag-hinein-Leben einfach wunderbar, mir wird ___ngst und ___ange, wenn ich an dieses ___egetieren dort nur denke."

„Nichts ___chlimmeres ist denkbar als die lebenslange Qual unserer Brüder und Schwestern. Die ___rmen! Lebenslang fast im ___unkeln und ___auerstinken ohne die ___rische der Natur."

„Und im zarten Alter von sieben Monaten eines gewaltsamen Todes sterben. Einzige Chance zur Flucht: ___as Durcheinander beim Abtransport zum ___chlachten."

„Frau Berta, wir werden gemeinsam durch ___ick und ___ünn gehen."

„Herr Emil, darf ich ___hnen das ___u anbieten?"

„Gerne. Doch werde ich mich jetzt mit geduldigem ___uchen nach ___ssbarem beschäftigen. Herrliche Eicheln gibt es, ich werde fast verrückt sobald ich ihr ___raun erspähe."

„Wünsche ___ir guten Appetit, vielleicht sehen wir uns morgen ___bend."

Getrennt- und Zusammenschreibung

Schreibt man zwei Wörter zusammen, so spricht man von einer Zusammensetzung: z. B. eislaufen. Schreibt man zwei Wörter getrennt, so handelt es sich um eine Wortgruppe: Rad fahren.

In diesem Kapitel geht es um Getrennt- und Zusammenschreibung bei

1. **Verben**
2. **Adjektiven**
3. **anderen Wortarten**.

Zusammensetzungen und Wortgruppen mit Verben

Regel 1: Es gibt **untrennbare** Zusammensetzungen mit **Verben**. Man schreibt sie in derselben Reihenfolge **immer** zusammen. Dabei kann sowohl das erste wie auch das zweite Wort **betont** werden.

Ich muss leider **widersprechen**. Wir sollten das anders **handhaben**.

Untrennbar, da man nicht sagen kann: Ich spreche wider. Wir haben hand.

43 Setze die Wörter in der linken Spalte mit den Verben der rechten zu **untrennbaren** Verben zusammen:

~~Schluss~~, Lob, Schlaf, froh, voll, unter, tief, Bruch, über, Wette, Not, Sonne, lieb

gefrieren, locken, wandeln, leben, kosen, baden, landen, suchen, preisen, ~~folgern~~, rechnen, enden, eifern

Schreibe so: schlussfolgern, ______________________

____

____

____

____

Regel 2: Es gibt Zusammensetzungen mit **Verben**, die nur für den **Infinitiv**, die beiden **Partizipien** und für **Nebensätze** gelten. Dabei liegt die **Betonung** jeweils auf einer Silbe des **ersten** Worts der Zusammensetzung:

Infinitiv:	ankommen, preisgeben, herausfahren, leichtfallen überhandnehmen, zurechtweisen
Partizip:	ankommend, preisgegeben, herausfahrend, leichtgefallen, überhandnehmend, zurechtgewiesen
Nebensatz:	Wir fahren, sobald sie ankommen. Sie wusste nichts, weil er sein Geheimnis nicht preisgab.

Die genannten Zusammensetzungen sind im Gegensatz zu den Wörtern der Regel 1 auch wieder **trennbar**:

Herr Maier **kam** zu spät **an**. Lea **gab** ihr Geheimnis nicht **preis**.
Wir **fahren** aus der Stadt **heraus**. Es **fällt** mir nicht **leicht**.

44 Bilde mit den **fett** gedruckten Wörtern Zusammensetzungen im **Infinitiv** und im **Partizip Perfekt**. Es wird immer eine Silbe im **ersten** Wort betont. Unterstreiche jeweils den betonten Vokal.

Legen wir doch den Streit **bei**. beilegen – beigelegt

Macht Johanna **mit**? ______________________

Du **fällst** bestimmt nicht **durch**. ______________________

Wir müssen **nach** ihr **sehen**. ______________________

Alle **kamen** nicht **herein**. ______________________

Wir **haben** junge Tiere **gern**. ______________________

Hier will ich nicht **bleiben**. ______________________

Der Abschied **fällt** ihr **schwer**. ______________________

Ich **fahre** nie **schwarz**. ______________________

Es **tat** ihr so **leid**. ______________________

Regel 3: In bestimmten Zusammenhängen wird auch im **Infinitiv** (bzw. im Partizip oder im Nebensatz) **getrennt** geschrieben, dabei werden Adverb und Verb etwa gleich **betont**:

Nach der Augenoperation konnte er **wieder sehen**.
Wir werden **da bleiben**, wo wir in Sicherheit sind.

Wird jedoch das Adverb beim Sprechen deutlich stärker **betont** als das Verb, so schreibt man zusammen:

Ich möchte dich so gerne **wiedersehen**.
Sie will **dableiben**, weil sie sich nicht gut fühlt.

45 In **sechs** Fällen wird **zusammengeschrieben**, sonst getrennt:

Es wird schon nichts **dazwischen/kommen** ________________.

Er wird **dazu/schweigen** ________________.

Kannst du das Wetter **vorher/sagen** ________________?

Wir sind noch einmal **davon/gekommen** ________________.

Davon/kommen ________________ diese vielen Schwierigkeiten.

Wir müssen **dazwischen/essen** ________________.

Man sollte sich nie **daneben/benehmen** ________________.

Wir sollten bei dieser Aufgabe unbedingt **zusammen/arbeiten** ________________.

Wenn du mitkommen willst, musst du das **vorher/sagen** ________________.

Oskar wird schon für uns **voran/gehen** ________________.

Jetzt wollen wir erst einmal **durch/atmen** ________________.

Kannst du **rückwärts/einparken** ________________?

Regel 4: Adjektive und Verben schreibt man zusammen, wenn sich aus ihnen eine neue **Gesamtbedeutung** ergibt. Die **Betonung** liegt jeweils auf dem Adjektiv:

Der Arzt will mich **krankschreiben**.
Bitte die falsche Meldung **richtigstellen**!

Politiker:

Er konnte bei seiner Rede **frei sprechen**.

(Er spricht, ohne in einem Manuskript zu lesen.)

Richter:

Er wird den Angeklagten **freisprechen**.

(Neue Gesamtbedeutung: **nicht** verurteilen.)

Regel 5: **Adjektive** und Verben schreibt man **getrennt**, wenn es sich um **komplexe** (umfangreiche) oder **erweiterte** Adjektive handelt:

Der wird ihn noch **bewusstlos schlagen**. Willst du mich etwa **schachmatt setzen**? Lea will ihrem Freund **ganz nahe kommen**.

46 **Getrennt** oder **zusammen**?

Tim konnte schon in der ersten Klasse **gut/schreiben**. ______

Er wird die lästige Konkurrentin **kalt/stellen**. ______

Man sollte Schmerzen nicht zu **leicht/nehmen**. ______

Die Arznei lässt sich in der Apotheke **frei/kaufen**. ______

Die Polizei wird den Täter **dingfest/machen**. ______

Ich lasse mich nicht **bloß/stellen**. ______

Man muss ihm diese Tatsache endlich **klar/machen**. ______

Affen können oft **leicht/lernen**. ______

Frau Hoffmann ließ sich den Betrag **gut/schreiben**. ______

47 **Getrennt** oder **zusammen**?

Auf eisglatter Straße kann man **schwer/fallen.** ______________________________

Diese Frage müssen wir noch **offen/lassen.** ______________________________

Vorsicht! Hier kann man **leicht/fallen.** ______________________________

Die Polizei wird den Täter **fest/nehmen.** ______________________________

In diesen Schuhen kann ich **gut/gehen.** ______________________________

Man soll andere nicht **schlecht/machen.** ______________________________

Das Land wird den Gefangenen **frei/kaufen.** ______________________________

Dieses Wort musst du **klein/schreiben.** ______________________________

Rosa will den Zaun **hellblau/streichen.** ______________________________

Noch heute werde ich den Anzug **fertig/machen.** ______________________________

Für die Suppe soll man das Gemüse **klein/schneiden.** ______________________________

Man sollte die Torte erst einmal **kalt/stellen.** ______________________________

Du solltest das Fenster **offen/lassen.** ______________________________

Diese Aufgabe wird dir **leicht/fallen.** ______________________________

Mit deinen Händen musst du das Seilende **fest/nehmen.** ______________________________

Ich habe Angst, denn er wird mich **fertig/machen.** ______________________________

Du musst **klein/schreiben**, sonst passt der Text nicht auf eine Seite.

____

Diese Arbeit wird uns **schwer/fallen.** ______________________________

Man sollte Feuchtgebiete nicht **trocken/legen.** ______________________________

Bitte das Essen **warm/halten.** ______________________________

Meine Mutter muss mich alleine **groß/ziehen.** ______________________________

Regel 5: Ist der erste Teil ein **Nomen**, wird in der Regel **getrennt** geschrieben:

Diät halten – **Radio** hören – **Rad** fahren – **Not** leiden – **Angst** haben

! **Achtung**: Verbindungen, in denen die Bedeutung der Nomen **verblasst** ist, werden zusammengeschrieben:

irreführen – **stand**halten – **statt**finden – **teil**nehmen – **heim**bringen – **eis**laufen

Zusammen **und** getrennt darf man in folgenden Fällen schreiben:

achtgeben (auch: Acht geben) **achthaben** (auch: Acht haben) **staubsaugen** (auch: Staub saugen)	**haltmachen** (auch: Halt machen) **maßhalten** (auch: Maß halten) **brustschwimmen** (auch: Brust schwimmen; aber nur: er schwimmt Brust)

48 Setze richtig ein: getrennt oder zusammen?

Ach wissen Sie, ich will ja nicht (froh/locken) ______________________, dass wir das heutige Spiel gewonnen haben. Es würde mir (leicht/fallen) ______________________, „Hurra" zu schreien. Nein, man muss sich beim Siegesgeschrei (zurück/halten) ______________________, darf nicht gleich vor Begeisterung (Feuer/fangen) ______________________, sondern muss gewissermaßen (Maß/halten) ______________________. Natürlich haben unsere Jungs den Sieg nicht (geschenkt/bekommen) ______________________. Aber so, wie die Dinge jetzt (aus/sehen) ______________________, müssen wir beim Halbfinale, auch wenn wir unseren Angstgegner der letzten EM (wieder/sehen) ______________________, keine (Angst/haben) ______________________. Allerdings dürfen wir nicht (Schluss/folgern) ______________________, dass wir den Sieg sicher (heim/bringen) ______________________.

Regel 6: Verbindungen aus **zwei Verben** werden **getrennt** geschrieben:

schwimmen lernen – spielen gehen – singen üben – spazieren gehen

Ausnahmen ergeben sich bei **übertragener** Bedeutung. Hier ist die Zusammenschreibung zu empfehlen:

Alle mussten auf ihren Stühlen sitzen bleiben.
Paul musste nach der 7. Klasse **sitzenbleiben**.
(wurde nicht in die 8. Klasse versetzt)
Man sollte beim Baden nicht zu lange in der Sonne liegen bleiben.
Diese Arbeiten werden wohl noch eine Weile **liegenbleiben**.
(unerledigt bleiben)

Regel 7: Verbindungen mit *sein* werden **getrennt** geschrieben:

zufrieden sein –vorbei sein – fertig sein – da sein – los sein – zurück sein

49 Ordne die **Ausdrücke** in **C** den **Regeln** in **B** richtig zu. Schreibe dann die **Nummer** der Regel (**A**) **hinter** die Ausdrücke in Spalte **D**:

A	B	C	D
1.	es gibt untrennbare Zusammensetzungen mit Verben	zufrieden sein	
		klein schneiden	
2.	Verben, die nur im Infinitiv, Partizip oder Nebensatz zusammengeschrieben werden	Feuer fangen	
		laufen lernen	
3.	bei Betonung auf der ersten Silbe des Verbs wird auch im Infinitiv getrennt geschrieben	klar denken	
		freisprechen	
4.	bei adjektivischem ersten Bestandteil wird in der Regel getrennt geschrieben	handhaben	
		zurück sein	
5.	bei neuer Gesamtbedeutung schreibt man Adjektiv und Verb zusammen	Rad fahren	
		krankschreiben	

A	B	C	D
6.	bei nominalem ersten Bestandteil schreibt man in der Regel getrennt	preisgeben	
		wieder sehen	
7.	bei Zusammensetzung von zwei Verben schreibt man getrennt	maßregeln	
		davon kommen	
8.	Verbindungen mit sein werden getrennt geschrieben	liegen bleiben	
		fortgehen	

Die bisherigen Regeln sind sehr hilfreich. Aber es ist schwer, sich alle zu merken. Deshalb: Ist man einmal im Zweifel, ob zusammen oder getrennt geschrieben wird, so hilft die folgende Regel meistens weiter:

Liegt die Betonung **eindeutig** auf einer Silbe des **ersten** Wortes, wird in der Regel **zusammengeschrieben**.

Werden **beide** Wörter **etwa gleich** betont, wird in der Regel **getrennt** geschrieben.

Zusammensetzungen und Wortgruppen mit Adjektiven

Regel 1: Es wird **zusammengeschrieben**:

1. wenn der erste Bestandteil durch eine **Wortgruppe** ersetzt werden kann:

fingerbreit — ersetzbar durch wie ein **Finger**; Adjektiv

altersschwach — ersetzbar durch wegen des **Alters**; Adjektiv

2. wenn ein Bestandteil als **selbstständiges** Wort **nicht** vorkommt:

groß**spurig** vieldeutig**deutig**

kommt als **selbstständiges** Wort nicht vor

3. wenn die Zusammensetzung aus zwei **gleichrangigen** (nebengeordneten) **Adjektiven** besteht:

taub + stumm = taubstumm nass + kalt = nasskalt

4. wenn das **erste** Wort der Zusammensetzung das **folgende** Adjektiv in seiner Bedeutung **verstärkt** oder **vermindert**:

bitter + kalt bitter **verstärkt** die Bedeutung von kalt	= bitterkalt Die Zusammensetzung drückt aus, dass es sehr kalt ist.
lau + warm lau **vermindert** die Bedeutung von warm	= lauwarm Die Zusammensetzung drückt aus, dass etwas nicht sehr warm ist.

Beachte auch hier: Bei allen Zusammensetzungen wird stets eine Silbe des **ersten** Worts **betont**: **f**ingerbreit, gr**o**ßspurig, b**i**tterkalt, **lau**warm.

50 Bilde weitere Beispiele, indem du die folgenden Bestandteile richtig zusammensetzt.

ur-, minder-, brand-, red-, stock-, tod-, bitter-, hitze-,
dunkel, böse, beständig, neu, begabt, alt, müde, selig

Schreibe so: uralt, ______________________________

____

____

____

____

____

Regel 2: Es kann **zusammengeschrieben** wie auch **getrennt** geschrieben werden

1. bei Verbindungen **verschiedener** Wortarten mit **Partizipien**. Beachte jeweils die **Betonungen**:

die Rat suchenden/ratsuchenden Schüler
die allein erziehenden/alleinerziehenden Mütter
der selbst gebackene/selbstgebackene Kuchen

Beachte bei **Steigerungen** bzw. **Erweiterungen**, ob nur der **erste** Bestandteil oder die **gesamte** Verbindung betroffen ist:

ein schwerer wiegender Vorwurf – ein schwerwiegenderer Vorwurf
eine dringenden Rat suchende Frau – eine offensichtlich ratsuchende Frau

2. wenn ein **Adjektiv** das **nachfolgende** Wort **erläuternd** bestimmt; beachte wieder die **Betonungen**, auch die kurze Sprechpause bei Getrenntschreibung:

diese Vorschrift ist allgemein gültig – eine allgemeingültige Vorschrift
die Aufgabe ist schwer verständlich – eine schwerverständliche Aufgabe
mein Großvater ist schwer krank – mein schwerkranker Großvater

51 Schreibe die beiden **unsinnigen** Sätze richtig auf den Block:

Ein selbst/bewusster, leider denk/fauler, dicht/behaarter minder/jähriger Affe besuchte werbe/wirksam, aber tod/unglücklich ein neu/eröffnetes Fast Food Restaurant, weil es in diesen Regen/armen und deshalb nicht mehr feucht/warmen Zeiten leider nichts Besseres zu essen gab, dafür große Not/leidende Tiere.

Der Besucher war zwar nicht red/selig, trotzdem nicht taub/stumm oder auf andere Weise schwer/behindert, auch nicht hoch/verschuldet oder Fleisch/fressend, aber gut/unterrichtet über das, was in einem solchen Restaurant zu erwarten war.

Zusammensetzungen und Wortgruppen mit anderen Wortarten

Die Regeln dieses Kapitels sind nicht einfach. Du tust gut daran, wenn du dir möglichst viele Getrennt- und Zusammenschreibungen merkst.

Regel 1: Es gibt weitere mehrteilige Wortarten, die **zusammengeschrieben** werden. Dies ist der Fall, wenn die **Wortart**, die **Wortform** oder die **Bedeutung** ihrer Bestandteile nicht mehr deutlich erkennbar sind:

Adverbien:	geradewegs, deinetwegen, irgendwann, allzu, neuerdings, zuunterst, probeweise, zutiefst
Konjunktionen:	indem, sobald, sofern, sooft, soviel, soweit
Präpositionen:	anhand, infolge, inmitten, zufolge, zuliebe
Pronomen:	irgendetwas, irgendjemand, irgendein, irgendwer

Regel 2: **Getrennt** schreibt man,

1. wenn **ein** Bestandteil **erweitert** ist:

dies eine Mal (aber nicht erweitert: diesmal), in keinem Fall (nicht erweitert: keinesfalls), zu jeder Zeit (nicht erweitert: jederzeit) den Strom abwärts (nicht erweitert: stromabwärts), der Ehre halber (nicht erweitert: ehrenhalber)

2. bei folgenden häufig gebrauchten **Wortgruppen**:

zu Ende gehen, zu Schaden kommen, zu Fuß gehen, zu Hilfe kommen

3. mehrteilige Konjunktionen:

ohne dass, statt dass, außer dass

4. präpositionale Fügungen:

zur Zeit Schillers, zu Zeiten der Segelschifffahrt

5. Verbindungen mit *so*, *zu*, *wie*:

so hübsche Kleider, zu hohe Kosten, wie weit?

6. Verbindungen wie

gar kein, gar nicht, gar nichts, gar sehr

Regel 3: In den folgenden Fällen ist jeweils Zusammen- **und** Getrenntschreibung erlaubt. In der Regel wird empfohlen zusammenzuschreiben:

1. Fügungen in adverbialer Verwendung:

imstande sein/im Stande sein, infrage stellen/in Frage stellen, zuleide tun/zu Leide tun, zustande bringen/zu Stande bringen, zuhause sein/zu Hause sein, zugrunde gehen/zu Grunde gehen, zuschulden kommen lassen/zu Schulden kommen lassen, zutage fördern/zu Tage fördern, zumute sein/zu Mute sein

2. Konjunktionen:

sodass/so dass

3. Fügungen in präpositionaler Verwendung:

anstelle/an Stelle, aufgrund/auf Grund, mithilfe/mit Hilfe, vonseiten/von Seiten, zugunsten/zu Gunsten, zulasten/zu Lasten

52 Schreibe **getrennt** in die rechte Spalte, wo das möglich ist:

schlauerweise __________

anstelle __________

irgendwo __________

mithilfe __________

zuallerletzt __________

zuhause __________

stromabwärts __________

zumute __________

seitwärts __________

aufgrund __________

mancherorts __________

anhand __________

probeweise __________

sodass __________

sobald __________

zulasten __________

bergauf __________

kopfüber __________

irgendwann __________

zuwege __________

aufseiten __________

zuungunsten __________

Abschlusstest 3

53 Schreibe die entsprechenden Wörter **getrennt** oder **zusammen** auf:

1. Zur/Zeit ______________ Goethes mussten die meisten Menschen ausschließlich zu/Fuß ______________ gehen.
2. Das Blut/junge ______________ Mädchen sah mich bitter/böse ______________ an.
3. Man muss beim Jonglieren keine Angst/haben ______________, aber Acht/geben ______________, dass man keinen Fehler macht.
4. Wir können froh/sein ______________, dass die Gardinen kein Feuer/gefangen ______________ haben.
5. Kannst du bitte das Brot dünn/schneiden ______________?
6. Ich hoffe, der Arzt wird mich krank/schreiben ______________.
7. Er sagte das denkbar Schlimmste: „Wir müssen Not/landen ______________.
8. Ich stelle gar/nichts ______________ in/Frage ______________.
9. Du musst am Fluss entlang/gehen ______________, bis du an der Brücke vorbei/kommst ______________.

(Arbeite auf der nächsten Seite weiter!)

10. Auf/Grund ______________________ ihrer Erkältung blieb sie zu/Haus ______________________.

11. Du kannst mir nicht weis/machen ______________________, dass du heute noch lesen/üben ______________________ wirst.

12. Zugegebener/maßen ______________________ kam ich gerade noch mit Hand/breitem ______________________ Abstand vor dem nächsten Auto zum Halten.

13. Ich kann dich nicht Heim/bringen ______________________, das wäre Grund/falsch ______________________, denn draußen ist es schon stock/dunkel ______________________.

14. Was willst du: Eis/laufen ______________________, Schlittschuh/laufen ______________________ oder Schlitten/fahren ______________________?

Schreibung mit Bindestrich

Regel 1: Ein Bindestrich muss gesetzt werden in Zusammensetzungen mit **Einzelbuchstaben**, **Abkürzungen** oder **Ziffern:**

A-Dur, **i**-Punkt, **s**-förmig, **x**-mal, Dativ-**e**, **T**-Shirt;
dpa-Meldung, **Kfz**-Schlosser, **Dipl**.-**Ing**., Fußball-**WM**, **Abt**.-Leiter;
9-jährig, **5**-mal, **3:2**-Sieg, **⅔**-Mehrheit.

Beachte jedoch: neunjährig, Achtstundentag, fünftägig, Achtzylinder, dreimal

54 Was gehört jeweils zusammen? **Schreibe** mit **Bindestrich** auf den Block:

Buchstabe	Wort
S	Moll
x	Kurve
c	Achse
y	beliebig

Abkürzung	Wort
UNO	bestrahlt
Abc	Fußball
WM	Sicherheitsrat
UV	Schütze

Ziffer	Wort
3	prozentig
60	Niederlage
2:3	Takt
¾	silbig

Regel 2: Vor **Suffixen** (Nachsilben) wie z. B. *-te*, *-ten* steht nur dann ein Bindestrich, wenn sie mit einem **Einzelbuchstaben** verbunden werden:

der x-te, zum x-ten Mal, die n-te Potenz

Aber: Vor **Suffixen** (Nachsilben) steht **kein** Bindestrich, wenn sie mit **mehreren** Buchstaben oder Ziffern verbunden werden:

der CDUler, ein ÖVPler, der 68er, ein 16tel, 10%ig

Der Wortbestandteil **-fach** kann **mit** oder **ohne** Bindestrich an die Zahl angehängt werden:

20-fach oder 20fach; 8,5-fach oder 8,5fach

Nominalisiert: das 6-**F**ache oder das 6fache

Regel 3: Bilden die Verbindungen aus Ziffern und Suffixen den vorderen Teil einer Zusammensetzung, so steht nach dem Suffix ein Bindestrich:

die 68er-Generation, eine 32stel-Note, ein 100stel-Millimeter, in den 80er-Jahren (auch: in den 80er Jahren)

55 Schreibe mit **Bindestrich**, wo möglich:

Herr Fritz ist schon seit den (90er Jahren) ____________________ ein (100%ig) ____________________ (SPDler) ____________________.

Zum (xten Mal) ____________________ erkläre ich dir die (16tel Note) ____________________.

Die Firma konnte ihren Umsatz um das (8fach) ____________________ steigern.

Wir steigen in einer (10er Gruppe) ____________________ auf den Berg.

Der (8jährige) ____________________ Manuel freute sich über den (3:0 Sieg) ____________________ seiner Mannschaft.

Es gibt weitere Regeln, den Bindestrich zu setzen. Wer sich die Regeln nicht merken kann, sollte wenigstens ein **Gespür** für sie entwickeln.

Ein Bindestrich wird gesetzt,
▶ wenn man Zusammensetzungen (Aneinanderreihungen) **als Nomen** gebraucht:
das **E**ntweder-oder, das **A**ls-ob, das **S**owohl-als-auch, das **A**uf-die-lange-Bank-Schieben, das **J**emandem-etwas-auf-die-Nase-Binden
▶ zwischen **mehrteiligen** Zusammensetzungen (von Wortgruppen, auch mit Bindestrich):
Vitamin-B-haltig, 2-Euro-Stück, 500-Jahr-Feier, 100-m-Lauf, Berg-und-Tal-Bahn, Kopf-an-Kopf-Rennen, Trimm-dich-Pfad
▶ wenn man **einzelne** Bestandteile **hervorheben** möchte:
die Kann-Bestimmung, das Nach-Denken, etwas be-greifen, der dass-Satz, die Ich-Erzählung
▶ wenn man **unübersichtliche** Zusammensetzungen gliedern will:
die Lotto-Annahmestelle, die Mehrzweck-Küchenmaschine, der wissenschaftlich-technische Fortschritt, ein deutsch-französisches Wörterbuch
▶ beim Zusammentreffen von **drei gleichen** Buchstaben (vgl. Seite 13):
Stoff-Fetzen, Bett-Tuch, Kaffee-Ersatz.

56 Schreibe die blaumarkierten Wörter sinnvoll mit Bindestrichen auf den Block. Beachte dabei die **Groß**- und **Kleinschreibung**:

Merke dir eins, mein Sohn: Nicht wichtig ist das **flausenimkopfhaben**, sondern das **herzamrechtenfleckhaben**. Du träumst von einem Auto mit **8zylindermotor**! Mach erst einmal einen **erstehilfelehrgang** oder spende einen **10euroschein** für **soskinderdörfer** oder steck deinen Kopf in ein **englischdeutscheswörterbuch** oder geh endlich mal auf einen **trimmdichpfad**.

Worttrennung am Zeilenende

Grundregel: Die **Grenzen** der Silben, in die man die geschriebenen Wörter bei langsamem **Vorlesen** zerlegen kann, stimmen in der Regel mit den **Trennstellen** überein.

Mau-er, Fei-er, streu-en, Fa-mi-li-en, Eck-zahn, ge-fähr-lich, Mu-se-um, Ru-i-ne, na-ti-o-nal, Ge-mein-schaft

Aber: **Einzelne** Vokalbuchstaben am **Wortanfang** oder **Wortende** werden **nicht** abgetrennt, Wörter wie *Ofen* und *Abend* kann man also nicht trennen. Das gilt auch für Zusammensetzungen: z. B. Fei-er-abend.

Zusatzregel 1: Steht bei einem Wort zwischen **zwei** Vokalen ein **Konsonant** (→ Haken), so kommt dieser bei der Trennung auf die **nächste** Zeile: Ha-ken.

Ebenso: Au-ge, Lü-ge, He-xe, fa-xen, hei-ßen, bei-ßen, Ru-he, Re-he

Zusatzregel 2: Stehen **mehrere** Konsonanten zwischen zwei Vokalen (→ Eltern oder impfen), so kommt nur der letzte auf die neue Zeile: El-tern oder imp-fen.

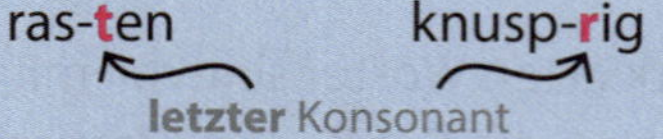

Dabei zählen ch, ck, sch, ph, rh, sh oder th wie **ein** Konsonant.

ma-chen, He-cke, So-cke, Wä-sche, Ste-phan, Myr-rhe, Fa-shion, Zi-ther

Zusatzregel 3: Auch zwischen **Vokalbuchstaben**, die zu **verschiedenen** Silben gehören, wird getrennt:

Mau-er, Fei-er, streu-en, Famili-en, hau-en, Muse-um

Zusatzregel 4: Bei **Zusammensetzungen** und Wörtern mit Präfix (Vorsilbe) wird **zwischen** den einzelnen **Bestandteilen** getrennt:

Vor-trag, Haus-flur, Durch-gang, kom-plett **aber**:
hin-auf oder hi-nauf; her-un-ter oder he-run-ter; dar-um oder da-rum

57 Überprüfe deine Kenntnisse und trenne (ohne bei den bisherigen Regeln nachzusehen). Trenne jedes Wort sooft wie möglich:

Eltern, Rechner, packen, Sophie, Locke, Saphir (Edelstein), Deutsche, Weste, Karpfen, hexen, mähen, Training, Abend, Nationen, Familie, Übung, Myrrhe, Heimweg, steuern, Museum, herüber, Kehrichteimer, Produktion, Balletttheater, Handlungsunfähigkeit, Zither

Die Trennung bei Fremdwörtern

Letzter Punkt! Bisher nur etwas für gebildete Leute, die Latein oder Altgriechisch können. Leute wie du und ich können ein Wort wie Helikopter genussvoll zerlegen:

He-li-kop-ter

Ein kluger Schreiber, der die Zusammensetzungen der Herkunftssprache kennt, darf auch so trennen:

Heli-ko-**p**ter

Das Wort setzt sich aus den griechischen Wörtern hélix (Windung; Spirale) und pterón (Flügel) zusammen.

58 Nun viel Spaß beim Trennen von Fremdwörtern, die du nach der Grundregel auf Seite 66 trennen kannst:

Pädagogik; Hektar; parallel; Chirurg; Hydrant; Februar; Magnet; Zyklus; Chrysantheme

____

____

____

____

____

Die Zeichensetzung: das Komma im Überblick

Die ausführlich erklärten Regeln zur Zeichensetzung mit Übungen werden in unserer Lernhilfe 261 „Zeichensetzung ab 6. Klasse und für Erwachsene" behandelt.

Regel 1: Das Komma steht zwischen gleichrangigen **Teilsätzen** (Hauptsätzen), wenn diese nicht durch Konjunktionen wie *und* oder *oder* verbunden sind:

Die Sonne ging unter, es wurde langsam Nacht.
Die Grillen zirpten, wir saßen noch lange auf der Terrasse.

Regel 2: Sind gleichrangige **Teilsätze**, **Wortgruppen** oder **Wörter** durch Konjunktionen wie *und, oder, beziehungsweise, sowie, wie, entweder – oder, nicht – noch, sowohl – als auch, weder – noch* verbunden, so setzt man kein Komma.

Wir setzten uns an den Tisch **und** die Feier konnte beginnen.
Wollt ihr mitkommen **oder** habt ihr etwas anderes vor?
Du hast **weder** die Betten gemacht **noch** das Fenster geöffnet.
Du musst die Blumen gießen **sowie** den Briefkasten leeren.
Das Haus wurde innen **wie** außen neu gestrichen.
Ich werde dich anrufen **beziehungsweise** dir eine Mail schicken.

Bei gleichrangigen Sätzen **kann** man ein Komma setzen, wenn man **Missverständnisse** vermeiden oder den Satz **deutlicher gliedern** will.

Ich malte Berge[,] und meine Tochter pflückte Blumen.
Entweder ich gehe zum Einkaufen[,] oder du gehst selbst.

Regel 3: Bei **entgegensetzenden** und **einschränkenden Konjunktionen** wie *aber, doch, jedoch, sondern* steht ein Komma.

Die Hose ist schön, **aber** zu kurz.
Wir fahren nicht heute, **sondern** morgen.
Das Wetter ist **einerseits** schön, **andererseits** ist es sehr windig.

Regel 4: Das Komma steht zwischen **Haupt-** und **Nebensätzen**. Der Nebensatz wird in der Regel durch eine unterordnende **Konjunktion** oder ein **Relativpronomen** eingeleitet:

Mein Freund kam nicht, **weil** er krank war.
Ich aß alleine von dem Kuchen, **den** meine Mutter gebacken hatte.

Nebensätze können am **Anfang** und am **Schluss** eines Satzgefüges stehen:

Anfang: **Weil** er krank war, kam mein Freund nicht.
Schluss: Mein Freund kam nicht, **weil** er krank war.

Nebensätze können aber auch **eingeschoben** sein:

Wir aßen den Kuchen, **den** meine Mutter gebacken hatte, gemeinsam am nächsten Tag.

Regel 5: **Satzwertige Infinitivgruppen** werden wie Nebensätze mit Komma abgetrennt. Dies ist zum Beispiel in diesen Fällen so:

1. Die Infinitivgruppe wird mit *um, ohne, statt, anstatt, außer, als* eingeleitet:

Um sich **zu** entschuldigen, schrieb Emma ihrer Freundin einen Brief.
Sie ging, **ohne** mich **zu grüßen**, vorbei.

2. Die **Infinitivgruppe** hängt von einem **Nomen** ab:

Sie litt unter der **Angst**, sich im Wald zu verirren.

3. Ein **hinweisendes Wort** bezieht sich auf die **Infinitivgruppe**, z. B. *das, es, dies, damit, daran, darum, darauf*:

Besser ist **es**, gleich zu gehen.
Bei dem Spiel im Tor zu stehen, **das** ist sein größter Wunsch.
Erinnere mich **daran**, den Schlüssel abzugeben.

Regel 6: Die Abtrennung mit Komma kann unterbleiben, wenn ein **einfacher Infinitiv** vorliegt, also nur *zu* mit Verb.

Anne versprach[,] **anzurufen**. Pietro versuchte[,] **zu helfen**.

59 Setze sämtliche Kommas.

Deutschlands Wälder

Viele Menschen gehen in Wälder um sich zu erholen. Sie möchten dem Lärm und der Hetze des Alltags entfliehen aber das ist nicht der einzige Grund. Wälder bieten noch viel mehr sie beflügeln unsere Fantasie und wir haben das Gefühl dem Geheimnis der Natur ganz nahe zu sein.

Urwälder in denen sich Bäume Tiere und Pflanzen ungestört entwickeln können gibt es in Deutschland nicht mehr. Man hat in den letzten Jahrhunderten ohne auf die Gesundheit des Waldes zu achten Bäume wie Fichten und Kiefern gepflanzt weil sie schnell wachsen und deshalb hohen Gewinn versprechen. Schon lange machen vor allem Naturschützer den Vorschlag Wälder sich selbst zu überlassen damit sie ihre natürliche Vielfalt entwickeln können. Außerdem kümmern sich viele Organisationen darum Monokulturen durch Laubbäume aufzuwerten. Die UNESCO hat die alten Buchenwälder Deutschlands zum Weltnaturerbe erklärt um sie dem Zugriff der Wirtschaft für immer zu entziehen. Das ist gewiss erfreulich jedoch für ein waldreiches Land wie Deutschland zu wenig. Seit das Heizen mit Holz extrem zugenommen hat werden viele Wälder geradezu leergeräumt. Wichtig ist eine schonende Waldwirtschaft damit die Artenvielfalt erhalten bleibt. Trotzdem: Das Bewusstsein für die Bedeutung und Schönheit unserer Wälder wächst sodass wir für die Zukunft hoffen dürfen.

Übungsdiktate

Wichtiger Hinweis: Gibt es für ein Wort mehrere Schreibweisen, so ist dies vermerkt.

1. Diktat (ab 5. Klasse)

Das SOS-Kinderdorf, eine weltweite Einrichtung

„Sieh dir die schönen Häuser an!", sagt Katrin zu ihrer Mutter und zeigt ihr ein Foto von einem SOS-Kinderdorf in einem Land der Dritten Welt. „Lass mal sehen!", sagt Mutter. Sie sieht sich das Foto genau an. „Dort leben Kinder ohne Eltern, ohne Verwandte, also ohne irgendjemand. Das ist doch traurig!", sagt Katrin nun. „Du hast recht (auch: Recht). Aber die Kinder leben wie in einer richtigen Familie zusammen. Es sind immer fünf bis acht mit einer Mutter, die sie lieb hat (auch: liebhat) und die auf sie aufpasst." „Muss eine Mutter mit so vielen Kindern denn nicht arbeiten gehen?", will Katrin wissen. „Aber nein, Kinderdorf-Mutter (auch: Kinderdorfmutter) ist ja ihr Beruf." „Aber woher bekommt sie dann Geld? Wenn ich mir vorstelle, wie viel ein Kind allein schon isst!" Mutter überlegt: „Genau genommen bekommt sie ihr Geld zum Beispiel von dir." „Von mir?" „Ja, wenn du es so machst wie unzählige andere (auch: Andere): Du spendest ein paar Euro von deinem Taschengeld." Katrin wird nachdenklich: „Vielleicht werde ich auch einmal Kinderdorf-Mutter (auch: Kinderdorfmutter)."

2. Diktat (ab 5. Klasse)

Ein wichtiges Urteil

Auf dem Heimweg von der Schule gerieten ein 12-Jähriger (auch: Zwölfjähriger) und ein 13-Jähriger (auch: Dreizehnjähriger) in Streit. Da fiel der ältere Schüler plötzlich über den jüngeren her und presste sein Gesicht mit solcher Gewalt gegen einen Laternenpfahl, dass dem Buben zwei Zähne abbrachen. Und nun geschah, was vor allem in der Schule die meisten (auch: die Meisten) außer Acht lassen, wenn sie sich mit Mitschülern streiten: Die Eltern des 12-Jährigen (auch: Zwölfjährigen) gingen vor Gericht und verklagten seinen Peiniger. Sie bekamen recht (auch: Recht). Das Oberlandesgericht entschied in einer Grundsatzentscheidung Folgendes: Auch ein 13-Jähriger (auch: Dreizehnjähriger) muss für seine Tat verantwortlich gemacht werden, wenn man annehmen kann, dass er zur Tatzeit zu der Einsicht fähig ist, dass seine Handlung ein Unrecht ist. Das hieß in unserem Fall: 1000 Euro Schmerzensgeld für das Opfer. Das Gericht wies außerdem darauf hin, dass unter Umständen bereits ab dem siebten Lebensjahr Haftung für unerlaubte Handlungen übernommen werden muss.* Wenn Rohheit und Gewalt bei Kindern nicht überhandnehmen sollen, so muss man ihnen klarmachen, dass auch sie für die Folgen ihres Tuns einzustehen haben.

* Nach dem Gesetz können Kinder im Straßenverkehr erst ab elf Jahren haftbar gemacht werden. Ausnahme: Es handelt sich um ein vorsätzliches Delikt, z. B. die absichtliche Beschädigung parkender Autos.

3. Diktat (ab 6. Klasse)

Ferienglück

Da waren sie: Marks große Ferien. Die Schultasche in null Komma nichts in die Ecke befördert. Dann einmal tief durchgeatmet. Das Zeugnis? Bunt schillernd (auch: buntschillernd) zwar, aber immerhin viermal (auch: 4-mal, bei besonderer Betonung: vier Mal oder 4 Mal) die Zwei! Da sollte einem doch nicht bange sein. Der hell leuchtende (auch: hellleuchtende) Sommertag vor der Tür müsste nun wirklich nicht mehr warten, wäre da nicht Mamas lästiges „Stopp!" „Isst du nicht doch noch ein bisschen vom italienischen Salat? Nimm wenigstens was mit!" „Bin ich ein Känguru mit Beutel?" Nein, jetzt bloß nicht mehr an den Esstisch zurück. Selbst mit einem Megafon (auch: Megaphon) hätte Mutter das nicht fertiggebracht. Draußen gab es nämlich Schmetterlinge, Eistee und Hotdogs (auch: Hot Dogs) an der Imbissbude. Und das alte Betttuch (auch: Bett-Tuch) eignete sich bestens als Sonnensegel. Die dicken weißen Schönwetterwolken waren besonders gut durch die helllila Sonnenbrille zu betrachten.
Und vor allem wartete auf einen das Schwimmbad. Da konnte man den anderen (bei Nominalisierung auch: den Anderen) zeigen, dass man schwimmen konnte wie ein Delfin (auch: Delphin). Braun gebrannt (auch: braungebrannt) wie eine Kaffeebohne kam man zum Abendessen nach Hause (auch: nachhause). Und dann waren da noch die kleinen Ladys von der Nachbarsiedlung, die gar nicht mal so schlecht Fußball spielten. Ja, der Sommer, der schmeckte wie der Schokoladenguss auf Mutters selbst gebackenem (auch: selbstgebackenem) Kuchen.

4. Diktat (ab 6. Klasse)

Ein Tag mit Kater Murr

Es ist helllichter Tag, als Emma die Augen aufschlägt. Kater Murr räkelt sich auf dem kleinen Teppich vor ihrem Bett. Er blinzelt sie erwartungsvoll an. Ein ganz gewöhnliches Erwachen – jedenfalls, bis Emma dem Kater Guten Tag (auch: guten Tag) sagt oder besser sagen will; denn obwohl sie beim Sprechen die Lippen bewegt, kommt kein Laut heraus. Das ist ja grässlich! Aber das Beste kommt erst! Plötzlich spricht einer (aber es ist doch keiner da!): „Na, wer wird denn gleich kopfstehen! Auch dir einen Guten Tag (auch: guten Tag), Emma. Wie geht's uns heute Morgen?“ Emma ist erst mal sprachlos. Das ist gewiss noch ein Traum. Es könnte aber ebenso gut der drückend heiße Sommermorgen Schuld haben an ihrer Verwirrung. Darum keine Panik. Erst mal sich selbst ruhig stellen (auch: ruhigstellen) und freundlich antworten: „Gut natürlich, wenngleich ein bisschen seltsam …“ Sie gerät ins Stocken, denn wieder lässt sich kein Ton vernehmen, dafür – ihr wird siedend heiß – weiß sie nun, wer spricht. Es ist kein anderer als Kater Murr. „Ich will dir doch nicht Angst und Bange machen!“, redet er beruhigend auf sie ein, als hätte er ihren Schreck bemerkt. So beginnt der seltsamste Tag in Emmas Leben, der einzige und unwiederholbare Tag, an dem sie mit ihrem Kater sprechen kann. Worüber sie geredet haben? Emma wird es nie verraten, aber zu den Tieren ist sie von nun an freundlicher als je zuvor. Sie schützt sie vor der Rohheit der Menschen, wenn diese ihnen etwas zuleide tun (auch: zu Leide tun) wollen. Sie bemüht sich, dass niemand ihre Rechte missachtet. Emma und ihr Kater sind unzertrennlich. Immer wollen sie beisammenbleiben. Murr genießt es, wenn Emma nach Hause kommt, sich als Erstes zu ihm setzt und sein glänzend schwarzes Fell streichelt.

5. Diktat (ab 7. Klasse)

Gesang der Nachtigall

Allen Zeiten galt der Gesang der Nachtigall als etwas Außergewöhnliches. Einem wehmütigen, allmählich lauter werdenden Ton folgt ein schmetternder Schlag, der etwas Rührendes hat, weil er an menschliches Schluchzen erinnert. Mehr als zehn Jahre lang haben Wissenschaftler der Freien Universität Berlin erforscht, wie es einem klein geratenen (auch: kleingeratenen) Vogelgehirn gelingen kann, so herausragend zu singen. Mithilfe (auch: mit Hilfe) von mehr als tausend Lautelementen kann eine erwachsene männliche Nachtigall zweihundert verschiedene Strophen komponieren. Die Wissenschaftler haben Tausende (auch: tausende) solcher Strophen untersucht. Um den 15. Lebenstag beginnt die lernsensible Phase der Jungvögel, in der sie sich gehörte Tonmuster merken, also singen lernen. Nach monatelangen Gesangsproben beherrschen die Vögel ein Jahr später die gehörten Strophen in voller Reinheit. Nachtigallen können sich ganze Serien von Strophen merken. Sie zerlegen sie in drei bis vier Einheiten und geben sie an ihr Dauergedächtnis weiter, wenn sie oft genug wiederholt worden sind. Sie können sogar parallel zueinander Gesangseinheiten blitzschnell in Nebenspeichern ablegen, was unserem Gedächtnis nicht möglich ist. Die Strophen der Vögel, mit denen sie Botschaften übermitteln, entsprechen unseren Sätzen. Sie sind etwa drei Sekunden lang. Weil das Nachtigallen-Gedächtnis (auch: Nachtigallengedächtnis) im Sinne von Über- und Unterordnung funktioniert, können Strophen schnell abgerufen werden. Es kann wichtig sein, nicht mit einer ganzen Strophe zu antworten, dann wird diese nach einem ausgeklügelten System abgeändert. Es gibt mehr Gemeinsamkeiten zwischen Nachtigall und Mensch, als man annehmen möchte.

6. Diktat (ab 7. Klasse)

Der Stauberater

Sommerferien. Auf der Autobahn fährt man dicht gedrängt (auch: dichtgedrängt) im Schritttempo (auch: Schritt-Tempo) hintereinander. Alle Jahre wieder gerät man zum x-ten Mal in dieselbe Stresssituation (auch: Stress-Situation): Stau. Die Kinder, klitschnass, quengeln in ihren Rücksitzen. Vaters letztes Quäntchen Humor ist endgültig verloren gegangen (auch: verlorengegangen). Mutter schiebt ihm, wie so manches Mal, den Schwarzen Peter (auch: schwarzen Peter) zu: „Was musst du auch immer als Erster auf der Autobahn sein! Das hast du nun davon."

Aber während sich die Eltern noch schwertun, ihren Streit zu beenden, kommt, von den Kindern heiß ersehnt (auch: heißersehnt) auf seinen Rollerskates, er, der Retter, der Stauberater vom DAK (Deutscher Automobilklub), und leistet Erste Hilfe (auch: erste Hilfe). Auf seine Frage: „Fürchtet ihr den großen Stau?" tönt es aus Hunderten (auch: hunderten) von Kinderkehlen: „Nein, nein, nein!" Darauf er: „Wenn er aber kommt?" „Dann laufen wir davon!", kreischen selbst die Kleinsten. Jetzt gibt es kein Halten mehr, Türen öffnen sich, Kinder stürzen heraus. Handküsschen verteilend laufen sie über die sonnigen Wiesen, verschwinden schließlich in den dunkelgrünen Wäldern, während der Retter vom DAK frisch gepressten (auch: frischgepressten) Orangensaft und leicht verdauliche (auch: leichtverdauliche) Häppchen an entnervte Eltern verteilt. So tut er seinen Dienst, der Stauberater, immer gut gelaunt (auch: gutgelaunt) steht er aufseiten (auch: auf Seiten) der Ratsuchenden (auch: Rat Suchenden) und hilft den notleidenden (auch: Not leidenden) Kleinen, zu besonderem Anlass auch mal als Osterhase oder Weihnachtsmann verkleidet. Man muss ihn einfach lieb haben (auch: liebhaben), den Stauberater.

7. Diktat (ab 7. Klasse)

Ein kurzes, aber schwieriges Unsinndiktat

Dies ist ein Rat für Jung und Alt: Wenn wir brustschwimmen (auch: Brust schwimmen) ist es jederzeit gut, vorher klein geschnittene (auch: kleingeschnittene) Wassermelonen zu essen. Wer dies tut, wird über kurz oder lang feststellen, dass er sich mithilfe (auch: mit Hilfe) des Wassers in den Melonen ohne Angst und Bange auch in tieferen Gewässern bewegen kann. Wer dagegen in einer eiskalten Wohnung staubsaugt (auch: Staub saugt), sollte einen Hotdog (auch: Hot Dog) essen, denn aufgrund (auch: auf Grund) der großen Fettmenge in der Wurst wird er diese Aufgabe, ohne sich zu erkälten, bewältigen. Die leicht verdauliche (auch: leichtverdauliche) Melone wäre hier zugegebenermaßen wenig empfehlenswert. Der ziemlich schwer verdauliche (auch: schwerverdauliche) Hotdog (auch: Hot Dog) dürfte dagegen für ein ganzes Haus reichen.

8. Diktat (ab 7. Klasse)

Der Besuch der alten Dame

Die alte Dame bewohnte die blendend weiße Villa neben dem Waisenhaus. Eines Tages ließ sie sich mit dem Direktor bekannt machen (auch: bekanntmachen). „Gestern Abend konnte ich wegen des Lärms lange nicht einschlafen“, begann sie, „ich will Ihnen keineswegs lästig fallen (auch: lästigfallen), aber meine 50-jährige (auch: fünfzigjährige) Erfahrung mit Kindern sagt mir, dass Sie hier irgendetwas falsch machen.“
„Ich muss schon sehr bitten, sehr verehrte Frau …“
„Holzapfel“, ergänzte die Dame.
„Also, Frau Holzapfel, für unsere Kleinen geben meine Erzieher und ich das Letzte. Was wir allein an Sportarten anbieten: Die Kinder können Rad fahren, Schlitten fahren, eislaufen …“

„Das ist es ja“, sagte Frau Holzapfel, „ich habe nie im Leben Sport getrieben und im Übrigen nichts dabei vermisst. Es genügt allemal spazieren zu gehen.“
„Aber die Kinder müssen sich doch austoben“, fing der Direktor aufs Neue an, „sehen Sie, heute Mittag gab es ein festliches Essen: Kalbsfrikassee mit Chicorée; als Nachspeise Erdbeersoufflé mit Joghurt. Nachher freuen sich eben die meisten Kinder, wenn sie sich richtig austoben können.“
„Austoben! Wenn ich das schon höre! Draußen sein, die Natur kennenlernen (auch: kennen lernen), das genügt! Sehen Sie sich Kinder von heute doch an! Jung und Alt leiden unter ihrem entsetzlichen Geschrei.“
Der Direktor schnupfte ein bisschen, obwohl er nicht im Mindesten (auch: im mindesten) an Katarrh litt. „Liebe Frau Zankapfel – pardon, Holzapfel“, verbesserte er sich, „im Großen und Ganzen können wir mit unseren Kindern doch zufrieden sein, aber wenn Sie die Jugend von heute aufregt, dann machen Sie doch Yoga, das hilft fantastisch (auch: phantastisch) gegen …“
„Na, gegen was denn?“, sagte Frau Holzapfel.
„Gegen Stress natürlich!“
„Stress? Kenne ich nicht.“
„Wieso?“
„Weil ich Yoga mache.“
„Weshalb sind Sie dann hier?“, wunderte sich der Direktor.
Da zwinkerte die alte Dame mit dem Auge: „Sie haben die Prüfung bestanden. Ich wollte nur mal wissen, ob es Ihnen bei dem Lärm, den junge Menschen nun einmal machen, ebenso gut geht (auch: gutgeht) wie mir."

Lateinische Fachausdrücke

lateinisch	deutsch
Adjektiv	Wiewort, Eigenschaftswort
Adverb	Umstandswort
deklinieren	beugen
Demonstrativpronomen	hinweisendes Fürwort
Diphtong	Doppellaut
Infinitiv	Grundform
Konjunktion	Bindewort
Konsonant	Mitlaut
Nomen (Substantiv)	Namenwort, Hauptwort
Partizip	Mittelwort
Possessivpronomen	besitzanzeigendes Fürwort
Präfix	Vorsilbe
Präposition	Verhältniswort
Pronomen	Fürwort
Relativpronomen	bezügliches Fürwort
Suffix	Nachsilbe
Superlativ	Höchststufe
Verb	Tunwort, Zeitwort
Vokal	Selbstlaut